中国政治

習近平時代を読み解く

Mōri Kazuko
毛里和子

山川出版社

はじめに

世界史リブレット51『現代中国政治を読む』を、二〇〇五年に版を変えてからそのまま一〇年あまりがたってしまいました。ところが、肝心の中国がとてつもなく変わりました。二〇一〇年、中国はついに日本を抜いてGDPで世界第二位のグローバルな経済大国に躍り出ました。また、それに自信をつけたためでしょうか、このころから中国の対外姿勢が積極的で、力を行使するものへと変わってきました。「一帯一路」と称する戦略で中国の国際活動はいよいよ活発になると思われますし、人民元は第三の通貨として世界を席巻することでしょう。

二〇一二年、日本は尖閣諸島を「国有化」しますが、それが引き金になって日中関係が、利益レベルだけでなく、パワーのレベル、価値意識のレベル(例えば歴史認識のような)でも抗争関係に移りつつあるようです。二〇〇六年になんとかつくりあげた「戦略的互恵関係」というフレーズも今ではほとんど使われなくなりました。

以上の二つが中国をめぐる昨今の巨大な変化です。一〇年前の記述では追いつかなくなっています。国内政治にかぎれば、本質的な体制上の変化は生じていません。一九五〇年代半ばにできた共産党・国家・軍の三位一体の体制は依然変わらず、支配を続けています。しかし、中国社会の本質的部分や国際政治での位置、人々の観念などは大きく変わってきています。

巷の書店には「中国は脅威だ」、あるいは反対に「中国は明日にも崩壊する」というきわどいタイトルの本が並んでいます。本文でもふれましたが、米国の著名な中国研究者デイヴィッド・シャンボー教授(ジョージ・ワシントン大学)は「中国共産党統治の最終幕が始まった」と題する論考を書き(『フィナンシャル・タイムズ』二〇一五年三月六日)、さしもの中国のレジームも混乱のうちに終末を迎える、という予測をして、周囲を驚かせました。しかしながら研究者の冷厳な目でみれば、事実はまさにその中間、大脅威と崩壊の間にあるのです。

本書は習近平体制を生み出した二〇一二年一八回党大会から記述を始めました。国内政治に焦点をあてていますが、最後に昨今の「実力外交」にもふれました。旧著リブレットを全面改定、大幅増量することになりましたので、新しい本としてご覧いただければ幸いです。本書がみなさまの中国理解にとってよい参照文献になるよう切に願っています。そして日中関係の理性的・安定的推移に役立ってほしい、と念じています。

毛里　和子

二〇一六年二月十日　武蔵野の欅林に囲まれて

目次

中国政治

習近平時代を読み解く

第1章　習近平体制のスタート

1　第一八回党大会

権力闘争のなかの大会

二〇一二年十一月八～十四日に、五年に一度の党大会、第一八回党大会が開かれた。一〇年間にわたる胡錦濤《こきんとう》時代に終止符を打ち、新たな一〇年のリーダーシップと政策を決める大事な大会だったが、取り囲む状況は尋常ではなく、新指導部も難産のすえに誕生した。開催スケジュールが公表されたのは九月末で、肝心な人事は夏の北戴河《ほくたいが》会議でも決まらず、大会までもつれこんだ。党中央政治局常務委員会、つまりトップセブンに、共産主義青年団（以降共青団と省略）系の改革派で、年齢も若い汪洋《おうよう》・李源潮《りげんちょう》などを入れようとした胡錦濤の試みは実らなかった。長老の江沢民《こうたくみん》（一九九二～二〇〇二年まで党総書記）派の勝利に終わったようである。

大会の準備・開催に向けては、熾烈な権力闘争が生じていた。二〇一二年三月、重慶市党委員会書記(一七期政治局委員)で、一八期の党中央政治局常務委員会入りをねらっていた薄熙来《はくきらい》が突然失脚したのである。この事件は、薄本人の「政治的誤り」と汚職や職権乱用に加えて、彼の妻、谷開来《こくかいらい》の英国人殺害事件も重なり、前代未聞のスキャンダルとなった。谷は九月初めには執行猶予二年付きの死刑判決がくだり、薄は九月末、中央委員解任、党からの永久除名が決まり、事件それ自体は落着した。薄熙来事件は、薄が重慶市に入ってから進めた、野心的で新左派的な「唱紅歌、打黒」(革命歌を歌い、ギャングを一掃する)キャンペーンや彼のスキャンダルなど表面化したものに加えて、トップのポストをめぐるリーダー間の隠れた権力闘争が複合したものだったのである。

また党大会のさなか、土地の徴発や役人の不正に抵抗する市民や農民たちの抗議の暴動が頻発した。青海ではチベット人青年や僧侶が「ダライ・ラマ一四世をチベットに帰還させよ」、「チベットに自由を」などと叫び、焼身自殺があとを絶たない。このような絶え間のない騒乱は、公然たる権力闘争とともに、中国共産党(以下中共と省略)の統治六〇年の「制度疲労」を感じさせた。

▲**中国共産党第18回全国代表大会**（人民大会堂，2012年11月8日）

▲**第18回党大会で演説する胡錦濤**

派閥と利益集団

一〇年前に退いたはずの江沢民の動きもあやしげだった。開会中、大会議長団会議が三回開かれたが、江沢民は胡錦濤につぐナンバー2として着席し、健在ぶりを誇示した。議長団には李鵬《りほう》・朱鎔基《しゅようき》・宋平《そうへい》なども名を連ねたが、江沢民だけがめだち、トップセブン人事をめぐって、胡錦濤らと江沢民グループとの間に重大な権力闘争が起きている、という風評を裏付けることになった。

ところで、中国政治は派閥で動いているのだろうか。中国の統治集団については、太子党派と共青団派(団派といわれる)、それに江沢民派の対立と評される場合が多い。だが、太子たち(古参革命幹部の子弟)は時にサロンのように集まることはあっても、利害や立場はさまざまで、太子党という派閥があるとは思えない。また、江沢民派を結んでいる原理・利益が何なのかもわからない。唯一派閥を形成する要件となりうるのは共青団出身だけだろう。後述するように、一八期の政治局メンバー、地方リーダーの若手に共青団出身が半数近くいるが、彼らが今後の中国政治の鍵を握るかもしれない。

中共統治集団内の区分けを少し掘り下げてみると、出身によるもの(共青団/太子党)、地域によるもの(重慶/広東、上海/北京など)、そして政策やイデオロギーによるもの

（新左派／保守派／リベラル派）の三つが想定できる。だがそれぞれが明確に派閥を形成するにはいたっていない。ただ、ここにあげた三つの区分けが交差して、それに利益集団の動きがからんで、時に派閥的な動きになる。最近とくに注目されるのは、国有企業、なかでも海洋資源や石油資本が自らの利益獲得のために政治的に動くことが多い、と思われる点である。この利益対立は、私営企業育成か国有企業保護か、穏健外交か海洋資源のための積極覇権外交か、などの政策対立を生み出すことになる（終章参照）。また、解放軍が石油資本と結びつくと厄介なことになる。こうしたことを背景に、遠くない将来、中共統治集団内に利益集団をもとにした明示的な派閥が形成される可能性は高い。

時期			党員数（人）
1945年	4月	（7回党大会）	1,210,000
1949年	末		4,500,000
1956年	9月	（8回党大会）	10,730,000
1959年	夏		13,500,000
1961年	6月		17,000,000
1969年	4月	（9回党大会）	22,000,000
1973年	8月	（10回党大会）	28,000,000
1977年	8月	（11回党大会）	35,000,000
1982年		（12回党大会）	39,650,000
1987年	10月	（13回党大会）	46,000,000
1989年	9月		48,000,000
1992年	10月	（14回党大会）	51,000,000
1997年	11月	（15回党大会）	59,000,000
2002年	11月	（16回党大会）	64,000,000
2007年	10月	（17回党大会）	70,800,000
2012年	11月	（18回党大会）	82,000,000

表１　中国共産党党員数の推移
（党大会開催時）　概して党員数は人口の５～6%前後。

続く成長路線

第一八回党大会で胡錦濤は執政五年間の活動報告をおこない、二〇二〇年までの党の基本方針を提案した。率直にいって胡錦濤報告にはほとんど新味と精彩が感じられない。去りゆく胡錦濤色は極めて薄かった。提示された二〇二〇年までの方向・政策についてポイントを指摘しておこう。

第一が、二〇二〇年にGDP(国内総生産)を二〇一〇年の二倍に、都市・農村の住民の平均所得を同じく二倍に引き上げる「二つの二倍増」(双翻番)プランである。それによって、二〇二〇年までに「まあまあのレベル」まで中国の経済を引き上げようというのである。ちなみに、年七・二%の経済成長が一〇年続けば、この目標は達成可能である。この「双翻番」プランは、三〇年以上続いている成長戦略を新政権が基本的に踏襲することを意味する。

第二に、政治改革には消極的である。人民代表大会の都市・農村の代表権を平等にしたという「成果」が示されているが、今後の改革方向は何も提示されていない。逆に、「改革開放三〇年来の一貫した探索をつうじて、中国の特色ある社会主義の偉大な旗を高く掲げ、硬直した古い道も、旗を持ちかえて邪道な道を歩むこともしない」という報告の一節は、欧米型民主主義を「邪道」と排除した、とリベラル派をがっかりさせた。

元気な国有企業

第三に、党大会報告は国有経済への強い支持を示した。第一七回党大会での胡報告にはあった「多種所有制の共同発展」「混合所有制経済」という言葉が削られ、新たに「ゆらぐことなく公有制経済を強化、発展させ、……国有資本をもっと国家の安全、国民経済の命脈である重要な業種、重要領域に振り向ける」という一節が入った。明らかに五年前の市場化路線からの大幅後退である。二〇〇六年から進んでいる国有経済が躍進し私営経済が萎縮する「国進民退」を追認し踏襲している。

この点について党大会直後、シンクタンク安邦《あんばん》（Ａｎｂｏｕｎｄ）は強烈な批判を「財経ネット」に流した。「大会報告を見ると、経済体制改革は先送りされた。報告の重点と実質は国有経済、コントロール力、影響力の強化にある。非国有経済について触れてはいるが刺身のつまにすぎない。中国の経済の市場化のこれからについて、大いに失望させるものだ」と断じている。[1]

他方、大会全体をつうじて国有企業関係者は意気軒昂としていた。大会に四〇人から

1　財経網 2012 年 11 月 20 日「安邦：十八大報告 強化国有経済的尚方宝剣」による。

の中央企業代表団を送り込み、国有資産監督管理委員会（国資委、ＳＡＳＡＣ）主任王勇《おうゆう》や中国海洋石油総公司（ＣＮＯＯＣ）董事長王宜林《おうぎりん》が国有企業の強化について発言した。

トップセブン（党中央政治局常務委員会）には張高麗《ちょうこうれい》（八〇年代中国石油化工集団公司〈ＳＩＮＯＰＥＣ〉茂名《もめい》精油所所長、石油閥といわれる）、中央委員には徐楽江《じょらくこう》（宝鋼《ほうこう》集団理事長）や蒋《しょう》潔敏《けつびん》（中国石油天然ガス集団公司〈ＣＮＰＣ〉理事長）が入った。反対に私営企業のスター梁《りょう》穏根《おんこん》（三一集団理事長、二五頁参照）は中央委員からもれた。

　第四のポイントが、胡の党大会報告では精彩を放った「国防と軍隊の現代化」の部分である。中国の国際的地位を高め、国家の安全と発展のための国防を強化し、強大な軍隊をもとう、という決意が表明されている。とくに、海洋・宇宙・ネット空間の安全に高度な注意をはらい、「新軍事革命を加速する」という一節は、新政権下の中国が拡張的安全保障戦略で進むことを予測させた。

　なお党規約が改正されたが、一〇年執政した胡錦濤の功績を歴史に残すための手続きを明文化した。新総綱は、「科学的発展観」を胡錦濤が提起した新しい思想だとし、毛沢東・鄧小平・江沢民に並ぶ指導者として胡をたたえた。大会決議は科学的発展観を、「新たな発展の要求にもとづき、新たな情勢のもとでどのような発展を実現し、どのよ

表2　中国共産党第18期中央政治局常務委員会(2012年11月)

人名	生年	学歴・出自	最新ポスト(2012年11月～)
習近平	1953	清華大学・法学博士	中央総書記，中央軍事委員会主席，国家主席
李克強	1955	北京大学・経済学博士	国務院総理
張徳江*	1946	金日成総合大学	全国人民代表大会委員長
兪正声*	1945	ハルビン軍事工程学院	全国政治協商会議主席
劉雲山*	1947	中央党学校	中央書記処書記
王岐山*	1948	西北大学	中央規律検査委員会書記，国務院副総理
張高麗*	1946	厦門大学	天津市党委書記→国務院副総理

＊は新常務委員

表3　中国共産党第18期中央政治局・書記処21人(2015年3月)

人名	生年		党ポスト
馬凱	1946		国務院副総理
王滬寧	1955		中央政策研究室主任，中央改革辦公室主任
劉延東(女)	1945	★	国務院副総理
劉奇葆	1953	★▲	2012～新任，中共中央宣伝部長，四川省党委書記
許其亮	1950	◆	副総参謀長，空軍司令，中央軍事委員会副主席
孫春蘭(女)	1950		2015～中央統一戦線部部長
孫政才	1963		2012～新任，重慶市党委書記
李建国	1946		全国人民代表大会副委員長，全国総工会主席
李源潮	1950	★	国家副主席
汪洋	1955	★	国務院副総理
張春賢	1953		新疆ウイグル自治区党委書記
範長龍	1947	◆	中央軍事委副主席，済南軍区司令
孟建柱	1947		2012～新任，中央政法委員会書記，国務委員
趙楽際	1957	▲	2012～新任，中共中央組織部長
胡春華	1963	★	広東省党委書記
栗戦書	1950	▲	中央辦公庁主任
郭金龍	1947		北京市党委書記
韓正	1954	★	上海市長，2012～新任，上海市党委書記
(以下は政治局外，書記処書記)			
杜青林	1946	★▲	全国政治協商会議副主席
趙洪祝	1947	▲	2012～新任，中央規律検査委員会副書記
楊晶	1953	▲	国務委員，国務院秘書長

▲は書記処書記，◆は中央軍事委員会委員，★は共産主義青年団出身

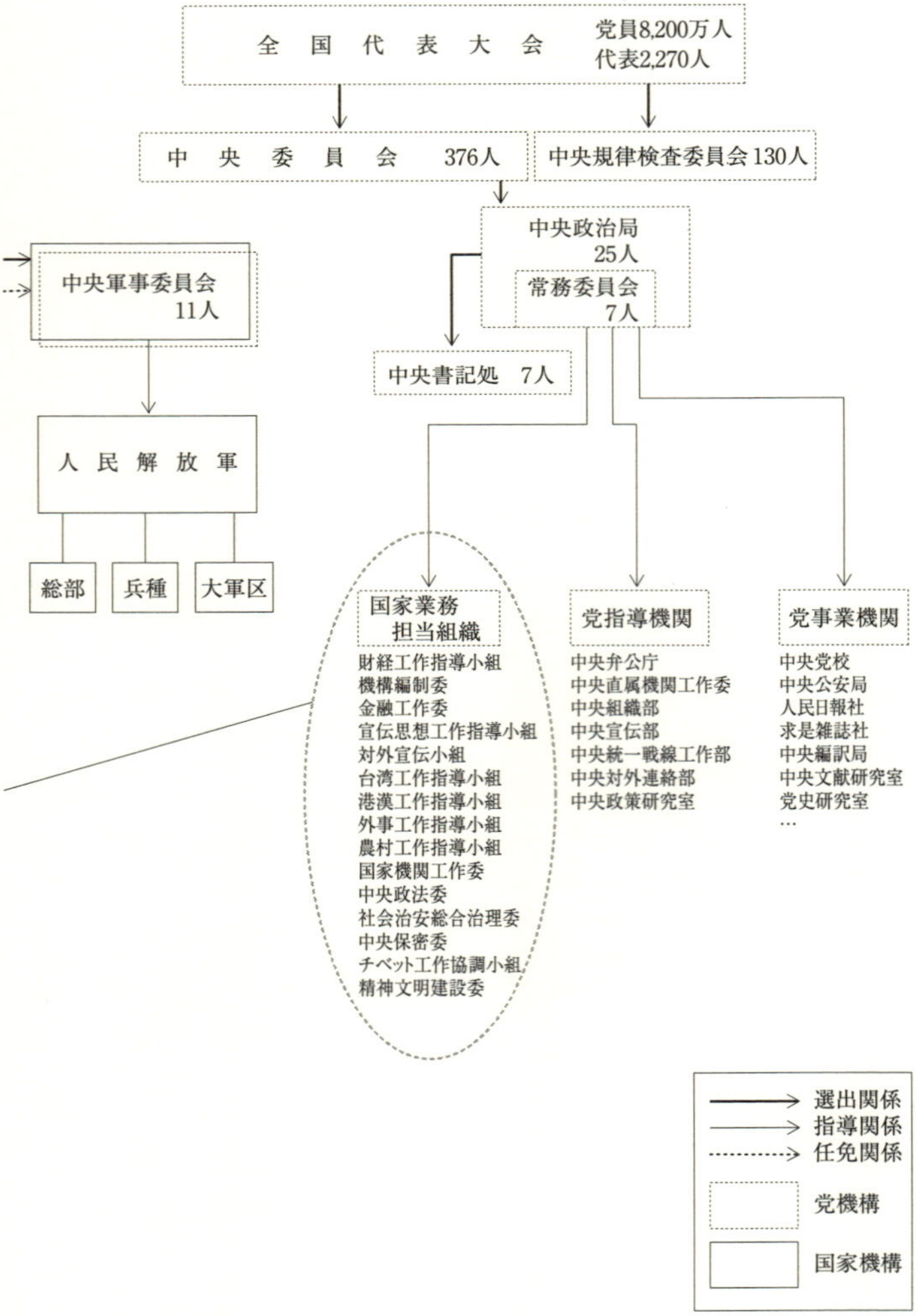

▲図1　中国共産党機構（2012年11月，18回党大会）

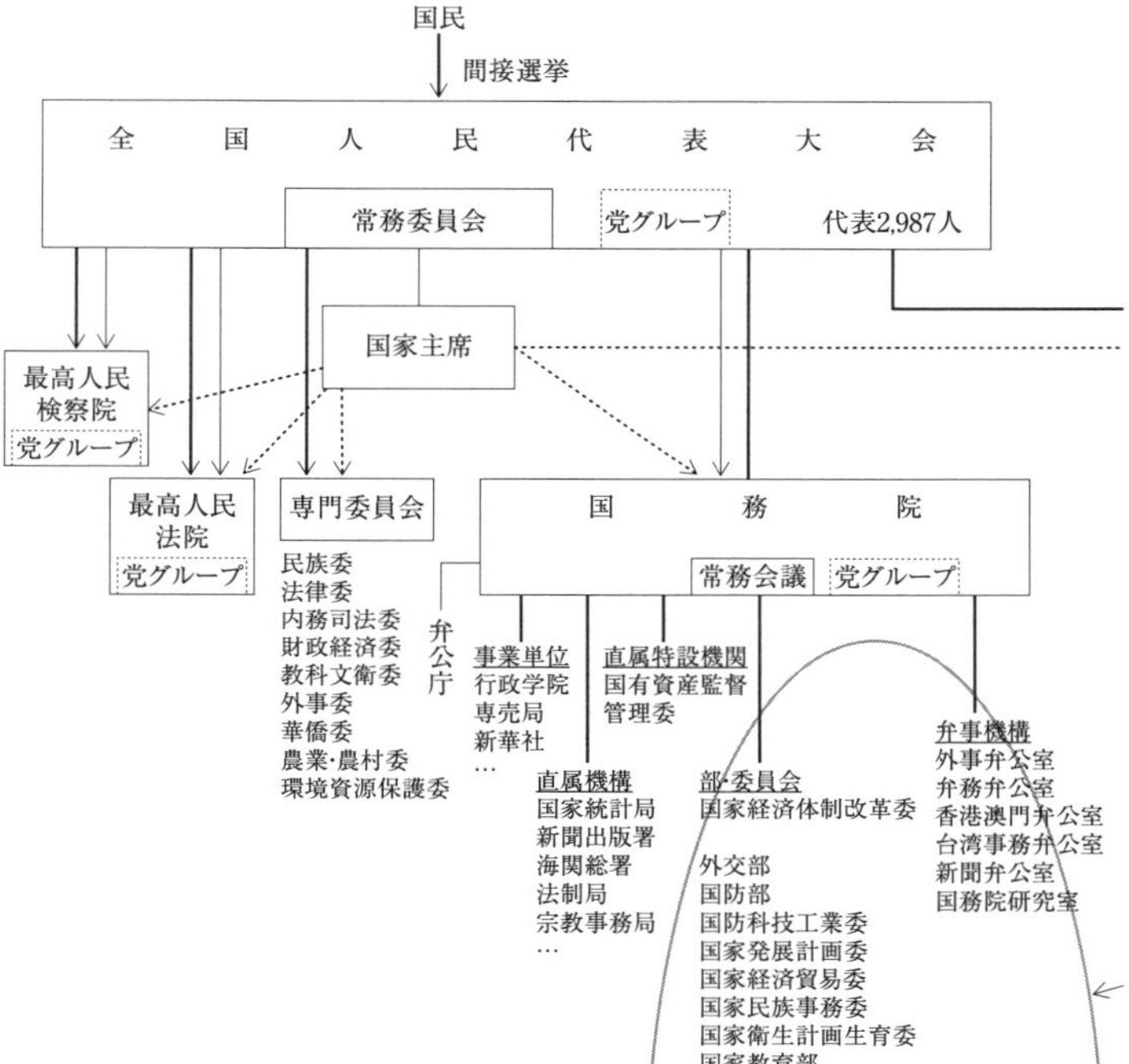

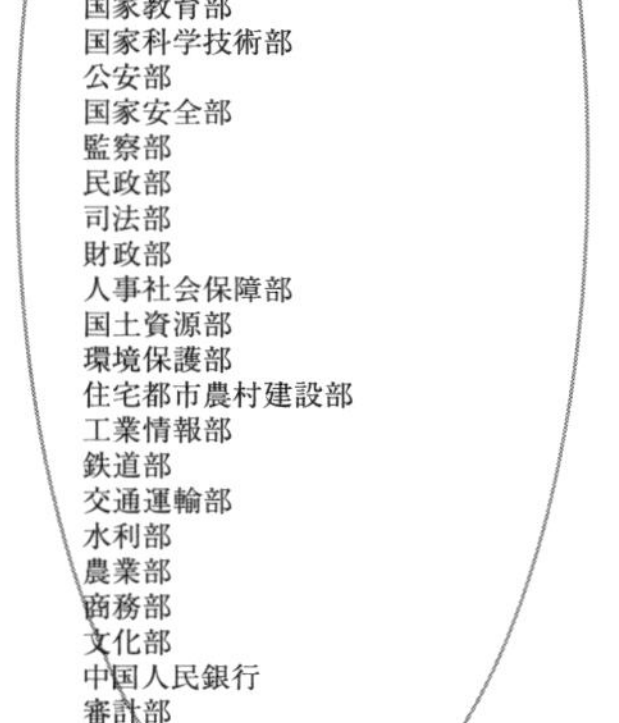

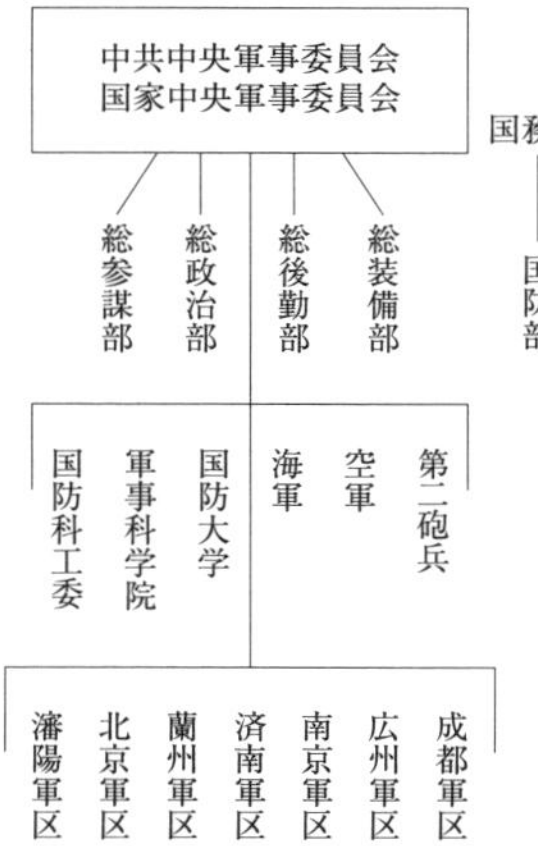

▲図３　中国人民解放軍系統図（2013年）

▲図２　中国の中央国家機構（2013年３月）

うに発展するかなど、重大な問題を深く認識し、答えを出し、人間中心(人を以って本と為す)で、全面的に調和をはかり、持続的発展が可能な科学的発展観」と定義したが、率直にいって、党規約改正をめぐる説明にはほとんど新味が感じられない。

要するに第一八回党大会は、一〇年間でGDPを二倍にし、住民一人あたりの平均所得を二倍にするという二倍プラン以外のものはみるべきものを出さなかった。国有企業の強化に期待し、改革指向もかなり低い。

2　第五世代のリーダーたち

新チャイナ・セブン

第一八回党大会最大の任務は、五〜一〇年間の新指導部をつくることだった。中央委員の予備選だけは差額選挙(候補者が定員より八・五〜一一%多い)でおこなわれた。十一月十五日の第一回中央委員会総会で中央政治局員二五人と常務委員七人が選ばれた。

中共の統治は、徹底的な寡頭支配である。一四億の人々をトップの政治家たった七人でおさめるのである。七人の常務委員会のリスト(表2)で示しておいた。興味深い点を五つほどあげておこう。

第一に、習近平《しゅうきんぺい》・李克強《りこくきょう》の二人を除けば、みな六〇歳台半ばである。七〇歳定年のルールからいって、あと五年しか担当できない。つまりこの常務委員会は、第一九回党大会で選ばれる第六世代リーダーへの橋渡し、過渡的な体制だということである。

第二に、年齢が高いばかりではなく保守的な陣容である。一七期などをみると常務委員会は機能的な分業体制を敷いてきたが、新チャイナ・セブンも分業体制に入ることが予想できる。

第三に、経済政策・政治改革などで改革的な措置はあまり期待できない。汪洋（広東省委書記）や李源潮ら若手改革派が常務委員会に入らなかったからである。

第四に、常務委員の年齢が高いのに比べ、平《ひら》の政治局員には若手、改革的な人材が多く、彼らは次の第六世代のリーダー集団を形成するだろう（常務委員七人を除く政治局員と書記処メンバーは表3参照）。つまり、今大会は、胡春華《こしゅんか》、孫政才《そんせいさい》など一〇年後の中国を担うリーダーを内在させながらも過渡的な人事をとりあえず決めた、といえそうである。なお、常務委員以外の政治局員・書記処書記二一人中一〇人が中央もしくは地方の共青団で活動した、いわゆる「団派」であるのが興味深い。軍人二人が政治局に入ったことも注目される。

第五に、一八期中央委員会のメンバーの多くは若くて超高学歴であることだ。新中央委員二〇五人中、六〇年代生まれが六〇％以上を占め、学歴では九五％が大学卒で、そのうち六五％が修士学位を、一四％が博士学位をもっている。劉鶴《りゅうかく》（一九五二年生まれ。国務院発展と改革委員会副主任、ハーバード大学ケネディスクール出身）[2]など、初めてアメリカ留学組が権力の中枢に入った。この点も将来の中国トップリーダーの属性を予測させる。

軍のトップと地方リーダー

党の中央軍事委員会の顔ぶれも決まり、翌年三月、そのまま国家中央軍事委員に任命され、軍のトップ体制が確定した（表４）。

副主席のうち、範長龍《はんちょうりゅう》は砲兵団出身、二〇〇三年から解放軍総参謀長助理（補佐）、〇四年から瀋陽《しんよう》軍区司令を務めた。許其亮《きょきりょう》は空軍出身、〇四年から解放軍副総参謀長、〇七年から中央軍事委員会委員・空軍司令を務めてきたベテランである。この二人が政治局に入った。

2　新華社 website2012年11月22日による。

中国の統治集団を構成するのは、総書記をトップに七人の中央政治局常務委員会、二五人の中央政治局委員会と七人の中央書記処、一一人の中央軍事委員会のほか、六〇人前後の地方のリーダー集団（党書記と首長）である。二〇一二年十一月までに三一の一級行政区（省・自治区・直轄市）のリーダー（党書記・省長）六一人が選ばれた。結果は次のように概括できる。

まず、全体の半数以上が一九五〇年代以後の生まれで、全員が大学・高等専門学校卒である。そして、全体の三分の一の二一人が中央もしくは地方で共青団のリーダーを経験している。共青団派の力は相当なものがある。

地方リーダー、とくに党書記ポストは中央政界に昇る最強のカードである。張高麗（天津）、兪正声《ゆせいせい》（上海）、張徳江《ちょうとくこう》（重慶）、胡春華（内蒙古）、孫政才（吉林）、孫春蘭《そんしゅんらん》（福建）、汪洋（広東）、劉奇葆《りゅうきほう》（四川）、趙楽際《ちょうらくさい》（陝西）、張春賢《ちょうしゅんけん》（新疆）ら一〇人の地方党書記が中央政治局もしくは同常務委員会に入った。

表4　中国共産党第18期中央軍事委員会（2012年11月）

ポスト	人名	生年	党・軍ポスト
中央軍事委員会主席	習近平	1953	中央総書記
副主席	範長龍	1947	済南軍区司令員，上将
副主席	許其亮	1950	前空軍司令員，上将
委員	常万全	1949	国防部長
委員	房峰輝	1951	総参謀長
委員	張　陽	1951	総政治部主任
委員	趙克石	1947	総後勤部部長
委員	張又俠	1950	瀋陽軍区司令員，総装備部部長
委員	呉勝利	1945	海軍司令員
委員	馬暁天	1949	空軍司令員
委員	魏鳳和	1954	第二砲兵司令員

※いずれも2013年3月に国家中央軍事委員会メンバーとなった。

習近平の「中国の夢」

第一八回党大会で総書記・軍事委員会主席の胡錦濤をはじめ、多数のリーダーが引退した。胡錦濤は、引退してからも中央軍事委員会主席を二年も続けた鄧小平や江沢民と違って、あっさりすべての役職から退くことになった。温家宝《おんかほう》も首相を引退した。『ニューヨーク・タイムス』に不正な蓄財をすっぱ抜かれて晩節を汚した彼は、大会直後に「私のことは忘れてほしい、だが私は祖国と人民のことを忘れはしない」と語ったという。

二〇一三年三月には第一二期全国人民代表大会で李克強が首相、張徳江が全国人民代表大会常務委員長についた。そして一四億のトップ、国家主席となったのが習近平である。習近平とはどのような人物なのだろうか。

習は一九五三年六月陝西省富平の生まれ。父親が革命の第一世代、元副首相の習仲勲《しゅうちゅうくん》であり、「太子党」に色分けされる。清華大学人文社会学院でマルクス主義理論を学び、文化大革命中は同省の延川県に下放、

習近平

李克強

一九六九年入党、七五年に清華大学化工学部で学ぶ。七九年から国務院、その後、河北省・福建省・浙江省などで勤務したのち、二〇〇七年から政治局に抜擢され、中央軍事委員会副主席・国家副主席に選ばれ、一二年、五五歳にして一四億のトップにのぼりつめた。

首相になった李克強は習近平より二歳若い。安徽出身である。北京大学法律系・経済学院出身で、法学と経済学のダブル博士号をもち、秀才の誉れが高い。大学時代から共青団で活動、一九八五年から八年間団の中央書記処書記を務めた。胡錦濤の直系後継者といわれるゆえんである。河南や遼寧で党書記を務めたのち、二〇〇七年から中央政界に浮上した。二人とも能力と若さでは誰にも負けない。

大会を終えた習新総書記は、二〇一二年十一月十五日、五〇〇人の内外記者団を前に、汚職・官僚主義などと戦いながら五〇〇〇年の文明大国に対する重大な責任に立ち向かう決意をこう語った。

責任は泰山より重く、道ははるか遠い。われわれは人民と心を一つにし、……昼夜兼行で働き、勤勉に、歴史に向かい、人民に合格点の答案を出さなければならない。[3]

習総書記が最初に訴えたのは「中国の夢」である(二〇一二年十一月二十九日)。「中華

3　愛思想 website2012年11月15日による。

民族の偉大な復興を実現する、これこそ中華民族近代以来のもっとも偉大な夢である」と呼びかけた。彼の脳裏には二つの一〇〇年、一つは中共創立一〇〇周年(二〇二一年)、もう一つは建国一〇〇周年(二〇四九年)がある。具体的には、「中国の特色をもつ社会主義の道を歩いて」「国家富強、民族振興、人民の幸福」を実現することである。

しかし、その「夢」に近づく前に新指導部は、統治を危うくするだろう二つの問題に取り組まなければならない。まず、汚職・腐敗と大衆的抗議事件に象徴される、一部の富める特権階層と大衆の間の緊張をどう緩和するか。中国は胡錦濤が掲げた「和諧社会」からますます遠ざかっているのである。

もう一つは、ナショナリズムの拡張と軍事力強化、石油などの利権の確保でパワフルかつ強硬になっている解放軍を政治的にどうコントロールするか、中国型シビリアン・コントロールを続けられるかどうか、である。新政権はこれらの課題を前に、「不確かな未来」への道を歩みはじめた。

図4　世界のGDP分布（1990年，2020年）

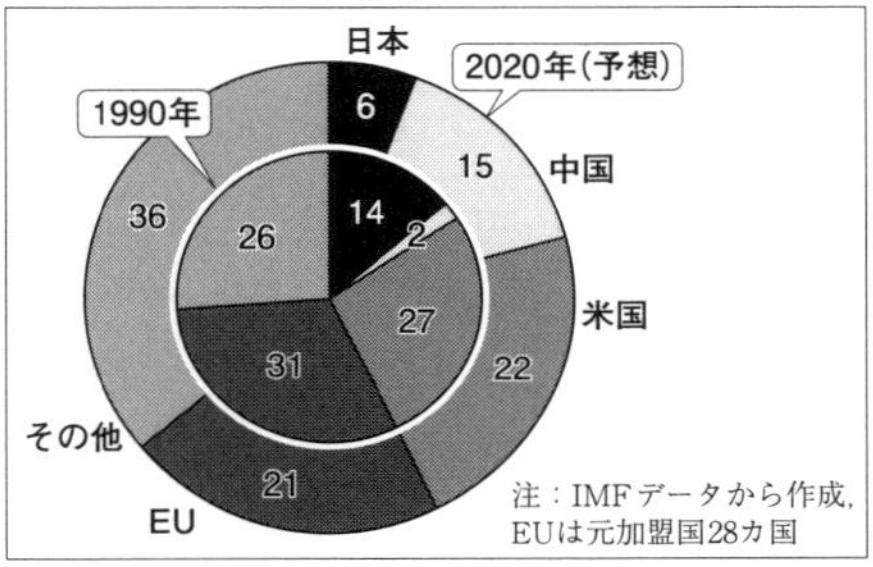

［出典］田中均「揺らぐ国際秩序（上）――日米，戦略対応練り直せ」『日本経済新聞』2014年4月15日

表5　中国の階層化状況（2000年）

階層	おもな職業	経済人口中の割合（%）	概数（万人）
上等階層	中・高級官僚，国有大型企業の正・副責任者，国有独占企業の正・副責任者，大・中型私営企業家	1.5%	1,200
上・中等階層	高級知識人，中・高層幹部，国有・省有企業の中・高級管理要員，中型企業社長，大型企業高級管理要員，外資企業ホワイトカラー	3.2%	2,500
中等階層	企業・事業体の専門技術要員，党政機関公務員，国有独占企業の普通職工，私営企業家・自営業者	13.3%	10,499
中・下等階層	農民階層，肉体労働者，農民工，工人階層	68%	54,000
下等階層	都市・農村の貧困人口，農村の無土地・無業，都市のリストラ・失業者	14%	11,000

［出典］楊継縄『中国当代社会階層分析』江西高校出版社，2011年，345-350頁

図5　中国住民のジニ係数（2003-2012年）

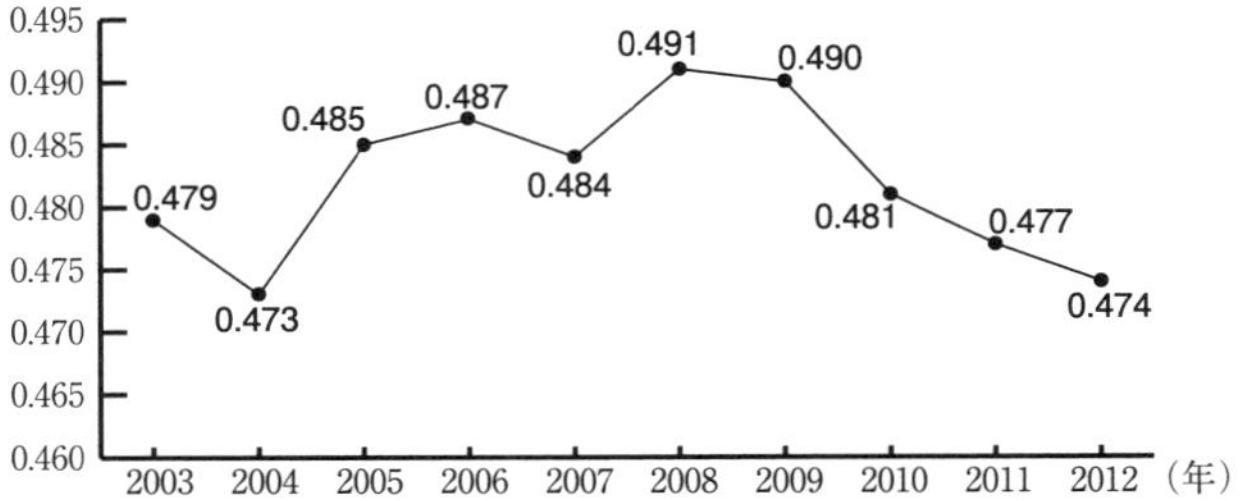

［出典］汝信主編『2014年中国社会形勢分析与予測』社会科学文献出版社，2013年，17頁

3　胡錦濤一〇年の遺産

新体制の課題

次章で現代中国の政治体制の核心を分析するが、その前に、胡錦濤時代一〇年の遺産を振り返っておこう。この一〇年で中国は大きく変わり、その結果、習近平によるリーダーシップのもと、中国は重大な岐路に立たされているからである。

胡錦濤は、二〇〇二年から一〇年間トップの座にいて、中国を世界第二位の経済大国に引き上げるなど、大きな遺産を残した。そのなかにはプラスの遺産もあれば、マイナスの遺産もある。

山積する問題の一つは、党員数が八七〇〇万人にふくれあがった共産党内が多様化、多元化して、一つの政策や価値によって運営することができなくなっていることだ。そのため党内のリーダーシップ争い、政策対立や権力闘争は激しくなる。第一八回党大会直前に、次の政権の最高指導部の有力な候補者だった政治局メンバー（薄熙来）がすさまじいスキャンダルで失脚したのは、ほんの氷山の一角にすぎない。また、二〇一二年九月に起こった暴力的な反日運動の背景に、リーダーたちが一つにまとまることができる唯一のテーマが対日政策で、しかも強硬であればあるほどリーダーたちへの支持もふえるという構造があるのは、日本からすれば悔しいかぎりである。いま中国は、もっと多元化を進め、党内分派を認めるか、あるいは多党制のようにそれを制度化するか、あるいは一元的体制内に押し込めるか、の岐路に立っている。

もう一つ大きな問題がある。とくに二〇〇〇年代に入ってからの「改革」で、所得格差が地域間でも階層間でもどんどん広がっているのだ。表5は、二〇〇〇年時点の中国の階層化状態を示す一つのデータである。元新華社記者・楊継縄《ようけいじょう》の調査によるもので、公式のデータがないので確かめようがないが、一つの参考資料として見てほしい。楊継縄の結論は、中国では社会の両極分化が急激に進み、いま労働人口の五％が七〇％以上の富を占有しており、反対に、八割以上の人々が中の下、および下層の生活をしいられているという。また、階層格差をはかる指標であるジニ係数は〇・四をこえると警戒水域だとされるが、中国の公式データでも、二〇〇〇年代の中国はかぎりなく〇・五に近く、危険水域に近づいている（図5）。

階層化と格差

　こうして中国では社会の緊張度がこれまでになく高くなっている。このまま市場化を進めて格差拡大の道を進むのか、それとも、分配の公平に舵を切り直すか、の岐路である。習近平体制は、とりわけ以上二つの重い課題と取り組まなければならない。

　なお、中国政治の主役である共産党は八七〇〇万人の党員をかかえる巨大な、尋常ではない「政党」である。明示的な規定はないが、党員数は人口の五％前後とするという暗黙の基準があるようである。党員になれば、さまざまな利点があるし、権力に近くなり出世できるから、入党希望者は多い。党員になるまでに通常一七段階の手続きが必要とされ、それほど楽な道の

図６　中国共産党中央の階層制（2012年）

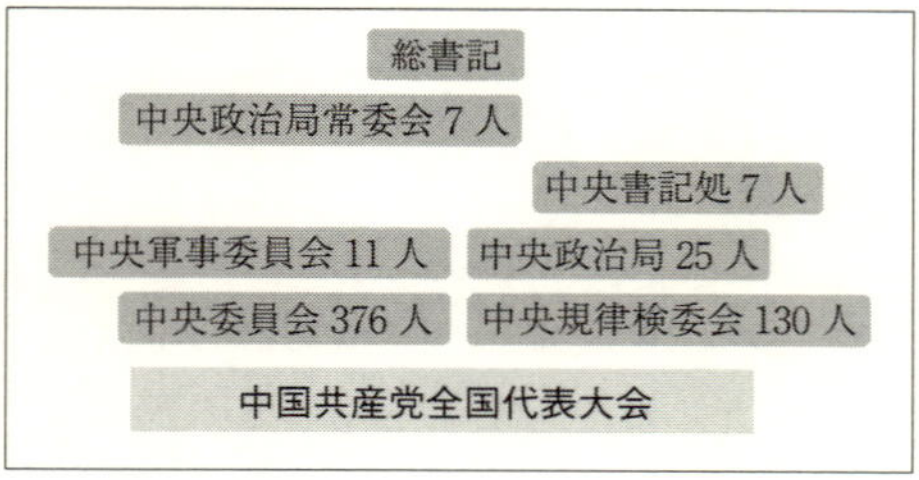

図７　中国の党・政・軍トップ集団（2014年）

全国人民代表大会委員会　劉雲山

中共中央政治局常務委員会7人

習近平	1953
李克強	1955
張徳江	1946
兪正声	1945
劉雲山	1947
王岐山	1948
張高麗	1946

国務院総理　李克強

中央軍事委員会11人

主席	習近平	1953
副主席	範長龍	1947
副主席	許其亮	1950
委員	常万全，房峰輝，張陽，趙克石，張又侠，呉勝利，馬暁天，魏鳳和	

りではない。

一つの例をあげよう。梁穏根という成功した「私営企業家」(民間企業の資本家)がいる。ショベルカーなど大手建設機械メーカーである三一集団の理事長で、二〇一一年に胡《こ》潤《じゅん》研究院という財団の長者番付でトップとなった。三一集団のグループ会社である三一重工は二〇〇八年の四川大地震、一〇年の中国国内のある鉱山事故のさい、救出用機材を無償で提供した。また一一年三月の東日本大震災では、福島第一原発に大型ポンプを無償提供したことで日本でも有名となった。

彼にとってすべてが順調かとみえたが、入党はなかなか実現しなかった。大学卒業と同時に入党申請、工場幹部のときに二回目、起業したときに三回目の申請をしたが、いずれも成功しなかったという。彼が晴れて党員となるのは、胡錦濤体制スタート時に私営企業家の入党を正式に認めた

▲中国石油天然ガス集団の本部(北京市)

第一六回党大会（二〇〇二年）後のことである。その後、第一七回党大会では、党歴わずか三年の梁が大会代表に選ばれた。

グローバルパワーに浮上

さて中国は、一九八〇年代から三〇年間におよぶ平均一〇%の持続的経済成長で国内政治も国際的地位も大きく変わった。とくにポスト鄧小平時代に入った九〇年代半ばからの変容は大きい。体制は不変でも、固い権威主義から柔らかい権威主義へ、カリスマ的リーダーの統治から官僚制下の集団指導体制に変わり、インターネット世論の圧力を受け、権力の脆弱化もめだつ。二〇一二年から習近平を中核とする第五世代（毛沢東が革命の第一世代、鄧小平が第二世代、江沢民が第三世代、胡錦濤が第四世代とされる）がリーダーシップをとり、中国は新しい時代に入った。

もっとも大きな変化をとげた中国経済をここでみておこう。二〇一〇年に中国は日本を抜いてGDPで世界第二位になった。第一位

表6　世界企業10傑（2014年）

企業名	国籍	総収入（百万ドル）	資産（百万ドル）
①ウォルマート	米国	476,294	204,751
②ロイヤルダッチシェル	オランダ	459,599	357,512
③中国石油化工集団	中国	457,201	352,983
④中国石油天然ガス集団	中国	432,008	650,651
⑤エクソン・モービル	米国	407,666	346,808
⑥BP	英国	396,217	305,690
⑦国家電網公司ステートグリッド	中国	333,387	424,532
⑧フォルクスワーゲン	ドイツ	261,539	446,866
⑨トヨタ自動車	日本	256,455	402,423
⑩グレンコア	スイス	232,694	154,932

［出典］Fortune 2014年7月15日

米国のシェアは二三・二％、中国は九・三％、日本は八・六％である。あるデータでは、二〇二〇年にはGDP総額で米国に肉薄するという予測さえ出ている。

巨大企業のグローバル化も顕著である。表6は、米国のビジネス誌『フォーチュン』による二〇一四年の世界トップ企業一〇だが、中国巨大企業が三つも入っている。二〇〇九年にトップ一〇に入った中国企業は中国石油化工集団（九位）だけだった。あっという間に中国企業がグローバル化した。三社ともに国有寡占企業である。

ミラクルをもたらしたもの

三〇年間でGDPは一五倍に、一人あたりのGDPは八〇〇〇ドルをこえた。「中所得国の陥穽」（世銀の評価によれば、一人あたり国民所得一〇〇〇ドルから一万二〇〇〇ドルの国では、三〇〇〇ドルをこえると停滞期に入るケースがあり、「中所得国が陥る罠」と呼ばれている）が心配されるようになった。とくに「経済の市場化を加速せよ」という鄧小平の「遺言」以来、中国の成長は急である。この「世界史のミラクル」をもたらしたのは何か。中国経済の急成長は世界の発展途上国のモデルになる、とする「中国モデル」論をはじめさまざまな見方があるが（第4章1節参照）、姚洋《ようよう》（北京大学）の分析が説得力がある。
彼は、三〇年来中国経済が成長できたのはじつは、旧ソ連をはじめとする旧社会主義国が市場経済に移行するにさいして、ＩＭＦ（国際通貨基金）などが資金援助の条件として出した「ワシントン・コンセンサス」どおりに中国が実施したからで、中国がＩＭＦに従わなかったのはただ一つ「競争力のある為替レートの設定」だけだとする。姚洋の議論のポイントは、成長の立役者が利益集団や個人の短期的な利益ではなく、社会の全体的・長期的利益に着目した「中性政府」だった、とする点である。彼は「中国モデル」（中国の発展方式）が一定の普遍的意味をもつことを認める。第一が経済発展における政府の役割の大きさ、第二が手続きより「業績」を重んずるガバナンス方式、第三がインドともフィリピンとも違う「民主化」の方式である、という。[4]
ところで、中国の持続的成長をもたらした要因を筆者は次のように考えている。第一は、市場化の策定者でもありプレイヤーでもある中央政府および党が、この三〇年間基本政策において「ぶれなかった」ことだ。第二に、市場経済を引っ張ったのが、行政体である以上に経済体である地方政府である点だ。とくに地方政府間の激しい競争が成長を牽引した。第三が、成長を支えた文字どおりの主役は、一億六〇〇〇万をこえる農民

4　姚洋「中国高速経済増長的由来」『南方周末』2008年9月11日〜10月22日による。

工（農村からの出稼ぎ労働者。戸籍が農村にあり、農民という身分が変わっていないために、中国では農民工と呼ばれる）である。地域的移動に耐え、低賃金に耐えてきた農民工なしに、経済の持続的成長はなかっただろう。最大の貢献者かもしれない。その農民工は、二〇一五年時点で二億六〇〇〇万にのぼるという。もし第四があるとすれば、八〇年代から九〇年代に中国を囲んだ「快適な国際経済環境」である。

第2章　成長と安定を支える三位一体メカニズム

1　三位一体体制のチャネル

党の指導

中国の高度成長とグローバル大国化を可能にしたのは、国内ガバナンスの安定、リーダーシップの一体性、経済体としての地方政府の活性化などの政治的諸要因である。とくに、共産党を中心とした党・国家(議会・政府・司法機関)・軍の三位一体体制(トリアーデ)に、決定的な綻びが生じていないことが持続的成長を支えた。「超安定型メカニズム」といってよい。以下、このトリアーデがどのようにつくられてきたのか、三者はどのようなネットワークでつながっているのかを分析し、そのうえでこの体制のアキレスの腱は何かに迫ろう。

中国では、「共産党の指導」は神聖にして不可侵である。それを国法ではっきりさせたのは、一九八二年憲法前文の「四つの基本原則」だ。前文の「中国の各民族・人民は、引き続き、中国共産党の指導下、マルクス・レーニン主義と毛沢東思想の導きのもと、人民民主独裁を堅持し、社会主義の道を堅持し、……わが国を高度の文明と高度の民主をもった社会主義国につくりあげる」は、すべての中国公民を拘束する。

中国政治体制の第一の特徴は、社会主義を志向しはじめた一九五四年以来、三つの政治アクターである党・国家・軍が強力な三位一体体制をつくりあげていることである。党はこのトリアーデの頂点に立って、国家機関内に設けた党グループ、党機関内に設けた行政担当組織(対口部門)、指導的幹部の任免・派遣という三つのルートをつうじて国家と軍を指導している。この仕組みは五五年に固まり、今日までゆらぐことはない。

そもそも、執政党としての党の国家に対する指導は、①軍隊、②政府および国家機関、③政治協商会議・民主党派、④労働組合・共青団・婦人連合会など四つの分野でおこなわれ、「党・政権・軍・人民・学校の五つの領域、東西南北で党はすべてを指導する」とさえいわれる。[1] うち、国家・機関に対する指導は、①党への指示請求・報告制度、②党グループや対口部門、③幹部、とくに指導幹部の任免と管理、④党と政府の連合命令制度などによって保障されている。

だが党と国家、つまり党政関係は、現代中国政治にとって宿命的な難題である。一党

1 張天栄他『中国改革大辞典』海南出版社, 1989 年による。

独裁下で党が立法・司法・行政の国家機関とどのような関係を結ぶのか、いかにして効率的にコントロールするのか。中国は六〇年間、三つのモデルの間を行き来してきた。

①党政分業　一九五八年以前および八〇年代から今日までみられるかたち。できるだけ両者間の機能的分業を追求する。

②党政不分　一九五八年に毛沢東が「党がすべて政治設計し、政治執行する体制」をつくった。七〇年代末まで続いた。

③党政分離　体制内民主化の一つの試みとして、八〇年代末、趙紫陽《ちょうしよう》が党政分離を試みたが失敗。一九八九年天安門事件ですべては①にもどった。

いま、中国の党は党員八七〇〇万人を数えるが、年平均五％ほどふえてきている。

党グループ

党グループは非党組織内に設けられる党指導部である。中央および地方レベルの立法・行政・司法の諸機関、総工会や婦女連合会などの大衆組織、国有企業などの経済組織、文化組織などほとんどにあり、その指導の中核をなす。

一九四九年十一月、中共中央の司令塔である中央政治局は「中央人民政府内に党委員会を組織することについての決定」「中央人民政府内に党グループをつくることについての決定」を出した。それによれば、党委員会の任務は、政策の執行、政府内の非党幹部との団結、国家機密の保護、「隠れている反動分子」の監督である。一方、党グループは、「党中央の政治路線と政策の執行を貫徹し、中央政府に対する党の指導を強めるために、中央人民政府の責任工作にあたる党員によって」組織された。[2]

党グループを構成するのは組織の正・副職である。例えば政務院(国務院の前身)党グループの書記は、政務院の長(総理)周恩来、副書記は董必武《とうひつぶ》、幹事は羅瑞卿《らずいけい》・薄一波《はくいっぱ》・陸定一《りくていいつ》・胡喬木《こきょうぼく》などだった。[3]

後述するように、大躍進期の一九五八年六月十日、毛沢東が政治方針を確定する「政治設計院」を一つにしようと、五つの中央工作小組(対口部門)を設け、党中央政治局のもとにすべてを集中させる体制をつくった。

党グループ制度は文化大革命期に若干変わるが、「四人組」追放後の一九七七年夏にはもとにもどった。第一二回党大会(八二年)で、「中央と地方の国家機関・人民団体・経済組織・文化組織、もしくはその他の非党組織の指導機関内に党グループを設ける。党グループの任務は、党の方針・政策の実現に責任をもち、非党幹部と大衆と団結し、

2 『中共党史参考資料』第19冊，中央文献出版社，1986年による。

3 王敬松『中華人民共和国政府与政治 1949.10-1992』中共中央党校出版社，1995年による。

党と国家が与えた任務を完成し、当該機関の党組織の活動を指導することである」とした。メンバーは党グループを批准する上級党委員会が指名する。

ところが、政治体制改革を追求した第一三回党大会（一九八七年）は党グループの段階的廃止、党内にある行政担当組織（対口部門）の廃止を決めた。趙紫陽総書記の報告は、党の国家に対する指導を、「政治指導、つまり政治原則、政治方向、重大な政策決定への指導と、国家・政権機関に重要幹部を推薦する」に限定し、次の四点を提起した。

①国家機関のレベルの党委員会に専従の書記をおかない。
②各レベルの党委員会にあった国家・行政機関統括のための対口部門を廃止する。
③政府内の党グループを段階的に廃止する。
④企業に対して上級の党組織が指導していたのを、地方党委員会の指導に改める。

翌年には国家機関内の党グループ廃止へ動き出し、国務院のそれほど重要でない部（省）では党グループがなくなった。

一党独裁下の中国でこの改革は画期的だった。だが、天安門事件で改革案はすべて無に帰し、党グループ・対口部門も復活した。

そもそも国家機関・行政機関・大衆団体などに党グループを設けた理由は、機関内で党の指導を貫徹するためと機関の問題を党中央が正確に把握するためである。人事に全権力をもつ中共中央組織部の説明では、党グループの役割は、①党の路線・方針・政策の貫徹の保障、②当該単位の全局的ないし重大問題についての決定、③当該単位の幹部の管理・教育・考査・推薦・任免・賞罰、④上級党委員会への報告と指示要請、などである。[4]

まさに党グループこそ一党支配体制の要《かなめ》だ。ある論者はあからさまにこういう。「人民代表大会の党グループは、人民代表大会で党の主張を国家の法令に変える。政府の党グループは、政府の決定手続きにもとづき党の主張を政府の政令に変える。政治協商会議（政協と略す）の党グループは、政協をつうじて党の主張を社会各界のコンセンサスに変える」[5]。あらゆる領域・レベルで「党の代行主義」が透けてみえる。

対口部門

一九五四年に党中央の権威を脅かす高崗《こうこう》・饒漱石《じょうそうせき》事件が起きた。高崗は東北行政委員会の主席から国家計画委員会主任、饒漱石は党中央組織部長だった。事件は高崗が中心になって中央権力に刃向かい独立王国をつくろうとした、というものである。党はこの

4　中共中央組織部 website2004 年 1 月 3 日「187 党グループの主な任務は？」による。

5　王寿林「我国政治体制改革的回顧与展望」『中共中央党校学報』2003 年第 11 期による。

事件を機に、中央集権を強めた。五五年十月、党中央は、党中央と省党委員会に工業・交通、財政・貿易、文化・教育の各工作部を設けて、所管する部局ごとに「分口指導」するという中央組織部の報告（八月一日付）を批准した。これら党委員会内の行政担当組織の職務は、幹部人事の管理、党の決議や政策の執行状況の監督、党末端組織の活動の管理などである。[6]

一九五七年六月、党がすべてを取り仕切る「党天下」に対する党内外からの批判に警戒心を高めた毛沢東は、「右派」一掃をしかけた。この反右派闘争をへて、毛沢東のイニシアティブで党による一元化指導が進んだ。五八年六月十日、党中央は、政治局に財政・経済、政治・法律、外事、科学、文教の五グループ（小組）を設け、それぞれ対応する政府部門を直接指導することになったのである。「大政方針は政治局が、具体的配置は書記処がやる。政治設計院は一つで、二つはありえない。大政方針と具体的配置はいずれも一元化し、党政は分けない。大政方針および具体的な配置について、政府機構とその党グループは提案権をもつが、その決定権は党中央にある」と指示はいう。[7] 五つの中央小組の主任は陳毅《ちんき》（外事小組）、彭真《ほうしん》（政法小組）、陳雲《ちんうん》（財経小組）、陸定一（文教小組）、聶栄臻《じょうえいしん》（科学小組）など、すべて政治局常務委員が務めた。

6 鄭謙他『当代中国的政治体制改革之発展概要 1949-1988』中共党史資料出版社，1988 年による。

7 『建国以来毛沢東文稿 7』中央文献出版社，1992 年による。

この対口部門は、政策指導、人事管理、部局間調整、行政管理活動の代行、政治思想工作の指導などをおこなう。[8] 文化大革命期には各地および各単位に、党と行政と軍事・教育をすべて管轄する革命委員会をつくったので、党グループも対口部門もなくなった。復活するのはいずれも八〇年代初頭である。また、八〇年代末政治体制の改革時、対口部門も廃止されそうになった。第一三回党大会で趙紫陽は、各レベルの党委員会にある対口部門の廃止を提起した。だが天安門事件でこの改革は立ち消えになり、旧状にもどった。

その後、NATO軍による在ユーゴ中国大使館「誤爆」事件（一九九九年五月）を契機に、二〇〇〇年秋、中共中央安全工作領導小組がつくられた。これまでの中央外事工作領導小組と安全工作領導小組は、看板は二枚だがじつは一つの組織である。危機管理機構であるこの領導小組は、組長である党総書記のもとに、中央宣伝部・中央対外連絡部・公安部・国防部・外交部・商務部・国家安全部などの党政部門の責任者によって編成されている。

なお、近年、中国の研究者自身が中央レベルでの指導小組を分析しているが、それによれば、中央領導小組は次のような配置になっている。[9] このうち、もっとも大きなパワ

8　唐亮『現代中国の党政関係』慶應義塾大学出版会，1997 年による。

9　呉暁林「“小組政治”研究」『求実』2009 年第 3 期，周望『“小組機制”研究』天津人民出版社，2010 年などによる。

ーをもち、政治過程を支配しているのが中央政法委員会である。

中央政法委員会、中央財経領導小組、中央外事工作領導小組、中央対台湾工作領導小組、中央農村工作領導小組、中央党建設工作領導小組

以上、党―国家関係について、党グループと対口部門という二つのチャネルから分析してきた。党グループは中央に対して報告・提案をするチャネル、逆に対口部門は中央および党から行政に対して指示・命令を与えるチャネルである（図8）。

党中央と国務院の連名通達

なお、党と行政がいかに不可分かを端的に示すのが中共中央・国務院の連名通達である。最初の連名通達は一九五一年だが、五五年春から多くなり、とくに五八年からは年

図8　党と国家の関係概念図

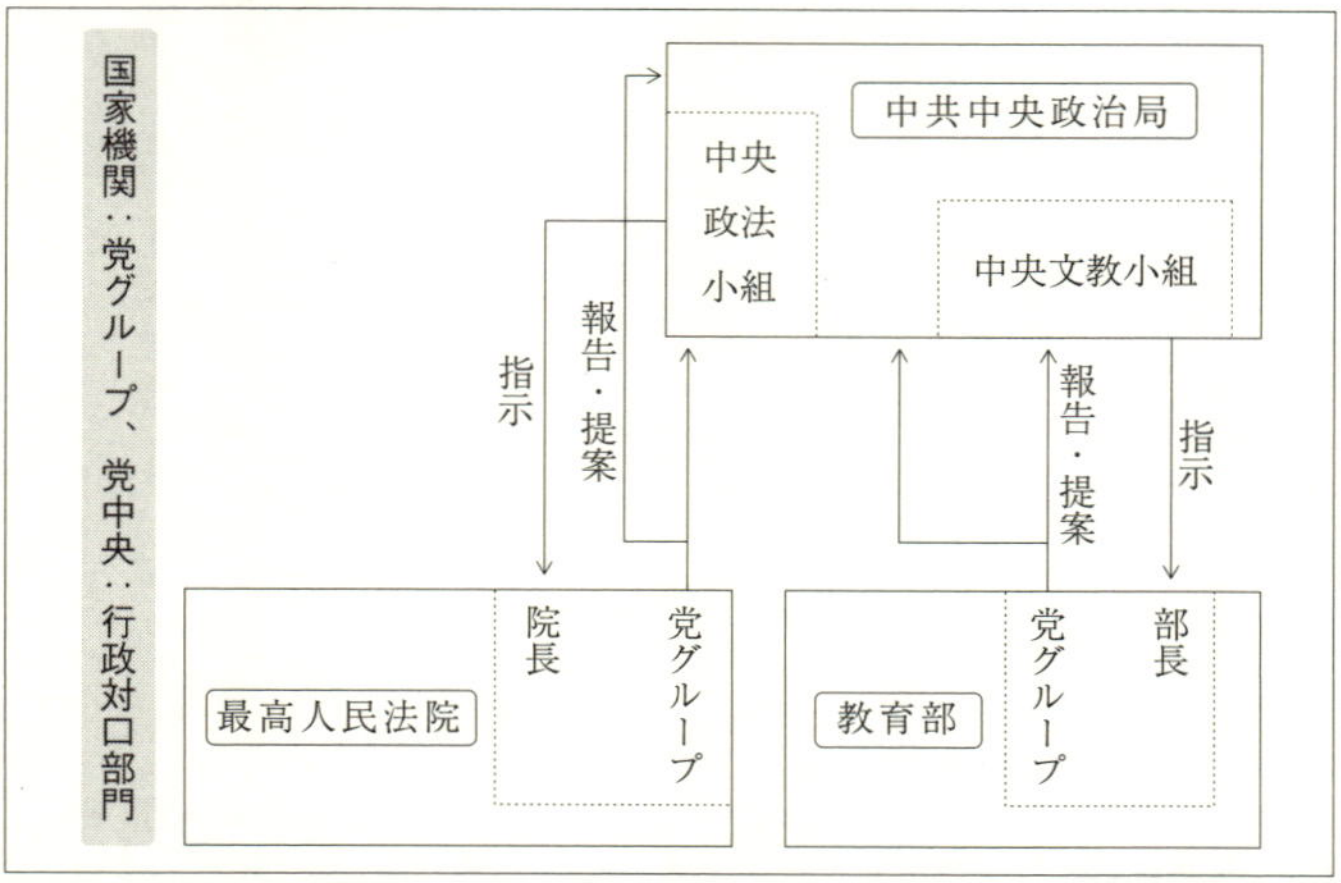

間に二〇件近く出され、以後、連名通達は重要な拘束力をもつ「指示」となっている。

両者の連名通達は、一九五六年十月三十日の指示（国家の行政体制の改革についての国務院の決議）、五八年三月六日の決定（中共中央に外事小組、国務院に外事弁公室を設けることについて）、七九年七月一日の決定（内蒙古自治区領域の原状回復について）、八一年二月二十日の指示（非合法出版物・非合法組織の禁止について）、八三年十月十二日の通達（人民公社の解散、郷政府の回復について）など、枚挙にいとまがない。なお文化大革命期には、ただ一つの法「公安六条」をはじめ多くの通達や決定が、中共中央・国務院・文化大革命小組・中央軍事委員会の四者連名で出されている。

この連名通達方式は百家争鳴《ひゃっかそうめい》・百花斉放《ひゃっかせいほう》期（一九五六〜五七年）、八〇年代改革期に一部から批判が出たが、「正当なもの」であり続けている。九〇年代の中共中央組織部の文献は「国家の権力機関に対する党の指導を許可するための主要、かつ重要な工作方式となった」と認めている。[10]

党が幹部を管理する

三位一体のための第三のチャネルは、党が選抜・任免する幹部である。これは五〇年

10 中共中央辦公庁法規室他編『中国共産党党内法規制度手冊』紅旗出版社，1997年による。

以上続いている中国政治の鉄則である。

幹部とは何か？　これを正確に定義するのは難しい。中共中央組織部の『わが国の当面の社会階級・階層構造についての調査・研究報告』（社会科学文献出版社、二〇〇二年）は「幹部階層」をこう定義する。「党政機関（中央・地方を問わず、中共と国家――立法・司法・行政――の諸機関をあらわすターム。以下、党政機関と表記する）の公務員、国有事業単位・社会団体の管理要員、軍隊幹部であり、指導幹部と一般幹部に分かれる」。軍隊幹部を除いて、幹部総数は四一一三万、そのなかには全体の二七％（一一一〇万人）にのぼる定年退職幹部も含まれているという。[11]

幹部は「身分」だ。二〇〇〇年代に入り、経済のレベルがあがっても、最近の資料は、中国には農民・労働者・幹部という「三つの身分」があるといってはばからない。[12]

中共は一九五三年以来、指導的幹部の任免・移動について直接管理してきた。五三年十一月二十四日の決定は、幹部を軍隊幹部、文教工作幹部、計画・工業工作幹部、統一戦線工作幹部、政法工作幹部、大衆工作幹部など九つに分類し、中央・地方各レベルに分けてどこが管理するかを定めた。[13]

ついで、一九五五年一月に「中共中央が管理する幹部職務名称表」ができた。このリ

11 前掲『中国共産党党内法規制度手冊』による。

12 検索エンジン「百度百科」（http://baike.baidu.com/view/1396710.htm）による。

13 前掲『中国共産党党内法規制度手冊』による。

ストにある幹部の任免・移動にはすべて中央（組織部）の批准が必要になった。地方幹部は地方レベルの党が管理することとなった。なお、党中央による重要幹部の管理という方式はソ連の「ノメンクラトゥーラ」に倣ったものである。

党はどのように「幹部を管理する」のか。①中央（基本的には党中央組織部）が任免を直接管理する、②中央、もしくは地方党部が管理する幹部候補（後備）のリストを作成する、③地方などについては、党中央組織部への報告や地方党の承認などを義務づける、などの方式を使う。

五〇年代前半中央はほとんどの指導幹部を直接管理したが、以後、その数は変化してきた。一九八三年二月、中央が直接管理する幹部を制限して以来、中央は四〇〇〇〜四二〇〇人の指導幹部を直接任命しているようである。[14]

九〇年代から中央が直接管理する幹部はほぼ次のようになっている。

〈党中央〉中共中央委員会・中央軍事委員会・中央規律検査委員会のメンバーなど

〈党機関〉各領導小組のメンバー、中央弁公庁・中央各部のメンバーなど

〈国家機関〉正・副主席、全人代常務委員、全国政協常務委員、最高法院・検査院党グループメンバーなど

[14] 1983年2月12日中共中央組織部「幹部管理体制を改革する若干の問題についての規定」前掲『中国共産党党内法規制度手冊』などによる。

〈国務院〉国務委員、各部の正・副部長、党グループメンバー、中国科学院や新華社などの正・副責任者、党グループメンバーなど

〈大衆団体〉全国総工会・共青団・全国婦女連などの正・副主席、党グループメンバーなど

〈省レベル〉党委正・副書記、常務委員、政府の正・副省長、人代常委会の正・副主席など[15]

とくに注目されるのが、次のような国有企業・国有銀行などのトップ人事も党中央が握っていることである。

＊中国工商銀行・中国農業銀行・中国銀行・交通銀行・中国人民保険公司の行長・副行長、理事長・副理事長

＊中国船舶工業総公司・中国石油化工総公司・中国石油天然ガス総公司・中国石炭鉱石総公司・中国核工業総公司・中国兵器工業総公司・中国海洋石油総公司の総経理・副総経理、党組書記・副書記・メンバーなど。[16]

おそらくはこれらの総数が四二〇〇人前後になるのだろう。うち約一〇〇〇人が「高級幹部」で、党・国家機関各部門、人民団体の正副部長(正副主任)、地方機関の省長以上の幹部である。[17]

15 1990年5月10日中共中央組織部通達「中共中央が管理する幹部の職務名称表の改訂について」『中国共産党党内法規選編 1978-1996』法律出版社，1996年による。

16 前掲『中国共産党党内法規制度手冊』537-543頁による。

17 1990年12月13日中共中央保密委員会「高級幹部の党・国家秘密の保守についての規定」前掲『中国共産党党内法規選編 1978-1996』による。

地方幹部はどうか。省党委員会の組織部正・副部長の任免・異動は中央組織部の承認が必要、省の庁・局長級幹部については党中央組織部に届ける必要がある。九〇年代に地方が大きな財政権限をえて「地方の時代」といわれたが、肝心な人事権は中央が掌握し、中央は依然地方をコントロールした。[18]

二〇〇一年の幹部総数四一一三万人(軍隊幹部を除く)の内訳は次のとおりである。

党・行政・大衆団体の幹部	約七〇〇万人	一七・二%
事業体の管理技術要員	約二一〇〇万人	五〇・二%
企業体の管理技術要員	約一三〇〇万人	三二・六%[19]

なお、四一〇〇万幹部のうち五四・四%が大学・高等専門学校卒と高学歴化が進んでいる。[20]

以上、三位一体体制を、党グループ・対口部門・幹部という三つのチャネルから分析してきた。このネットワークが「超安定メカニズム」をつくりあげ、三〇年持続する経済成長を生み出したのである。

18 唐亮「党指導体制と人事による中央統制」天児慧編『現代中国の構造変動Ⅳ』東京大学出版会，2000年による。

19『党建研究』2002年12月号による。

20『党建研究』2002年5月号による。

2 中国の議会――ゆらぐ立法権

ゴム・スタンプ

中国政治体制の第二の特徴は集中制である。高度に集中的で、上から下に向かう体制である。もともとロシア革命を指導したレーニンが前衛党の組織原則として提起した。中共の現行党規約は、「民主を基礎にした集中と、集中が指導する民主を結合させた民主集中制を組織原則とする」というが、それが国家の政治システムにまで適用されることで大問題となる。現行憲法は、国家機関も民主集中制をとるとし、「議事(立法府)と行政を一体化した人民代表大会制度がそれを体現している」とする。この民主集中制が意味する実質は、下級の上級に対する絶対服従である。

非共産党勢力との「協商政治」ももう一つの特徴である。一般に社会主義体制では共産党以外の政治勢力を許さないが、ソ連での体制が崩壊した九〇年代初めから、中国では、民主同盟などの「参政党」(参政党の定義はない。「政治に加わる」ほどの意味で使われている)や政治協商会議をつうじた協商政治・多党協力を強調するようになる。だが、議会への代表権や議案提出権をもたない八つの政治組織は政党ではなく、疑似多党制に利用されている。

「最高の国家権力機関」とされる中国の国会——全国人民代表大会(以降全人代と省略)は、限定的職権・機能などによって「ゴム・スタンプ」と揶揄される。「党委員会がシナリオを書き、政府が演じ、人民代表大会が論評し、政治協商会議が見物し、党の規律検査委員会(共産党の中央レベルおよび省レベルに規律検査委員会が設けられ、党員の不正や汚職、不法行為などを処罰する)が審査する」と、中国政治を一幕の芝居に見立てたいい方は核心をついている。[21]

全人代の職権

中国の議会は、中央に全人代、その下に行政レベルごとに地方人民代表大会がある。一九五四年に発足以来、人民民主独裁を国体とする中国で最良の政体とされてきた。任期は五年で、二〇一五年から第一二期がスタートしている。憲法は全人代を「最高の国家権力機関」とし、国家の立法権を行使するのは全人代とその常務委員会だとしている(第五七、五八条)。

制度および実態からして、現在、全人代は次のような問題をかかえている。

21 遅福林他『鄧小平政治体制改革思想研究』春秋出版社, 1987年による。

①文化大革命イデオロギーを反映した七五年憲法、七八年憲法では、全人代は制度上も中共の指導のもとにあった。
②現行制度は、一九五四年にもどったが、議員が多すぎ、代表性も極めて弱いために、国権の最高機関とはいいがたい。
③常務委員会の権限拡大は、効率化にはなっても、代表民主制という点では疑わしい。
④提案権が国務院などにかぎられ、また全体会議で審議ができない。これでは審議機能ははたせない。
⑤代表、つまり議員が専職ではなく、選挙システムも代表民主制からは遠い。

八〇年代から一定の前進があり、大会の審議が多少実質化してきた。満場一致が減少し、紛糾する議案も出てきた。その典型が、自然・環境・景観の破壊、立ち退き者の就業・定住などで異論が多かった長江の三峡ダムプロジェクト問題である(一九九二年採択、賛成一七六七票、反対一七二票、棄権六六四票、投票不参加二五票)。なお九九年四月末の全人

▶三峡ダム

代常務委員会では、政府が提案した「公共道路法」改正案が過半数に一票足らず否決された。また審議に一七年かかった物権法（私人の財産権を、公有・国有と平等の地位においた画期的な法律。住宅使用権も七〇年後も自動継続されるようになった）は二〇〇七年に賛成二七九九票、反対五二票、棄権三七票で採択された。途中、案の段階で公開審議もおこなわれた。

全人代固有の職権は憲法の制定と改定である。一九五四年の第一次社会主義憲法以来、七五年、七八年の二回大幅に改定された。改革開放期の八二年に一九五四年憲法の精神に近い第四次憲法が公布され、これが現行法である。今日まで四回部分改定されてきた。大きな改定を示そう。

一九八八年　私営経済の存在と発展を許容（第一条）
一九八八年　土地の使用権の譲渡を認めた（第二条）
二〇〇四年　指導思想に「三つの代表」を挿入（前文）、企業家などの入党を認める。
二〇〇四年　公民の合法的私有財産は侵犯されない、を挿入（前文）
二〇〇四年　国家は人権を尊重し保障する、を追加（第三三条）

議行合一と三権分立

中国では立法・司法・行政の三権を立法府に集中した議行合一システムをとり、三権分立は原理的に否定される。「国家の最高行政機関」である国務院は全人代に完全に従属し、「最高の裁判機関」である最高人民法院も全人代の監督と支配のもとにある。権力のチェック・アンド・バランスで重要な違憲立法審査権はその概念さえない。

そもそも中国の政体の核心は、パリ・コンミューンに範をとった、レーニンのソビエト論に立脚した議行合一である。人民の選挙で生まれた議会は人民に直接に接する、人民にもっとも近い権力であるから、アプリオリに代表性をもつ、とするのである。

だが昨今では「議行合一」への疑義も多い。全人代の事務庁の蔡定剣《さいていけん》(北京大学法学院)や周永坤《しゅうえいこん》(蘇州大学法学院)は議行合一に批判的である。とくに周は、三権分立論はギリシア・ローマからあり、ブルジョアの占有物ではなく、議行合一論は廃棄されるべきだ、とはっきり指摘する。[22]

全人代の議員

全人代の代表、つまり議員は、第九期(一九九八〜二〇〇二年)の場合、代表総数が二

22 蔡定剣『中国人民代表大会制度 第4版』法律出版社，2003年，周永坤「議行合一原則応当拋棄」『法律科学』2006年第1期による。

表7　10期全国人民代表大会代表(議員)**の職業**(2002年)

職業	人数(人)
農民	56
労働者	30
スポーツ選手	13
警察と武装警察	48
金融業人士	20
企業家	613
医者	88
法律界人士	69
作家・芸術家	48
小・中学校教師	51
教授・研究者	348
軍人	268
末端幹部	37
指導幹部	1,240
その他	55
10期人民代表大会代表	2,984

［出典］蔡定剣『中国人民代表大会制度 第4版』2003年

表8　全国人民代表大会議員・常務委員の党員比率(1954-2014年)

会期		議員(%)	常務委員(%)
第1期	1954-58	54.5	50.6
第2期	1959-62	57.8	50.6
第3期	1963-66	54.8	58.3
第4期	1975-77	76.3	72.3
第5期	1978-82	72.8	78.1
第6期	1983-87	62.5	72.9
第7期	1988-92	66.8	69.0
第8期	1993-97	68.4	69.7
第9期	1998-02	71.5	65.8
第10期	2003-08	72.98	70.3
第11期	2009-14	70.3	
第12期	2015-		

［出典］蔡定剣『中国人民代表大会制度 第4版』2003年など

九八一人、うち地域別割り当て分が二四八八人、解放軍枠二六八人、中央枠二二五人となっている。[23]

議員は兼職である。二〇〇三年に初めて公表されたデータ（表7）によると、第一〇期全人代の代表は、指導幹部が四一・五％、金融業・企業家・法律界・教授・医者・芸術家など専門家が四〇％を占めている。議会は高級人士のサロンである。

肝心なのは、全人代の党派別・階層別構成である。全人代発足から今日にいたる五〇年間、五〇年代は党員は五〇％ちょっとだが、六〇年代以後は党員は全人代議員の三分の二以上を占めてきた。常務委員会での党員比も同じである（表8）。こうして、党はいつでもどこでも三分の二以上を握り、絶対安泰である。

全人代と全人代の議員については、次の点が指摘できるだろう。

①国家機関における党の指導はどんな場合も安泰である。

②文化大革命前まで半数近かった民主党派・無党派代表が文化大革命で激減し、八〇年代に入ってからも変わらない。

③文化大革命期には解放軍出身と労働者・農民の代表が激増した。ちなみに一九七五年、七八年の代表はすべて上からの指名である。

23 前掲『中国人民代表大会制度 第４版』による。

④九〇年代以降は議員の若年化と高学歴化が著しい。第九期は八割、第一〇期は九割が大学および専門学校卒である。職業分布と合わせれば、全人代はエリートが集うサロンになっている。

ところで、議員はどのように選ばれるのか。中国における選挙の仕組みをここで示しておこう。第一の特徴は、地域代表制が原則で、都市と農村の代表権格差が異常に大きいことである。九〇年代は都市と農村の代表権格差は全国でみると八対一、一級行政区で五対一、県レベル以下で四対一となり、職能代表は解放軍だけとなった。九五年には都市と農村の代表権格差がすべてのレベルで一律四対一になった。後述するように、二〇一〇年から格

図８　行政系統と選挙システム(2014年)

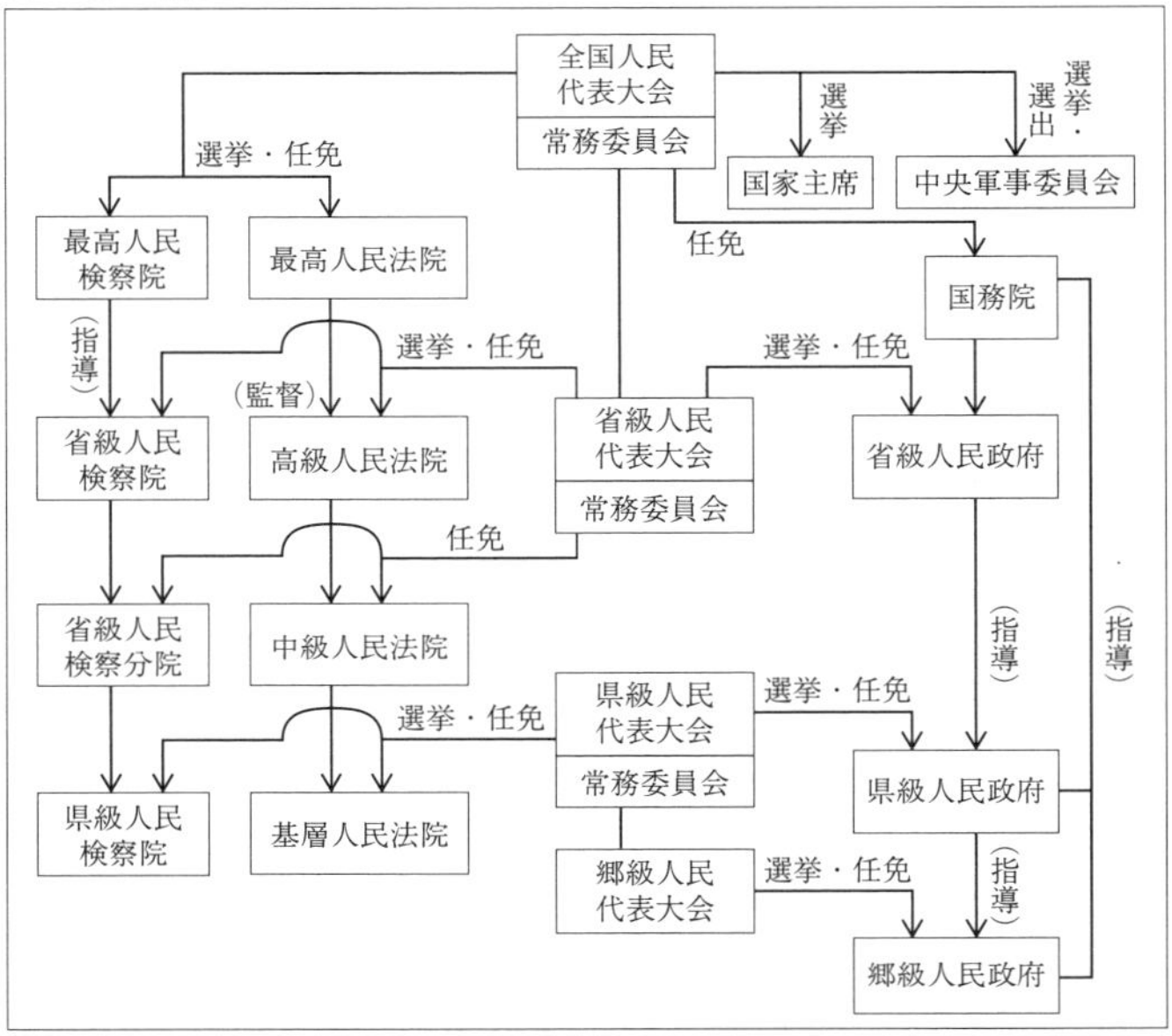

差を対等にする動きがようやく始まった。

第二の特徴は、選挙システムが図8に示すように、間接四段階なことである。七〇年代末までは、郷鎮《ごうちん》の末端レベルだけ直接選挙だったが、七九年に直接選挙を県レベルまで引き上げた。なお、中国は省レベルが三三(省二二・直轄市四・自治区五・特別行政区二)、県レベル三〇〇〇前後、郷鎮レベル二万前後の上下の行政体系となっている。

第三の特徴は競争選挙ではないことだ。一九七九年にようやく競争原理を少し入れて候補者が定数を少し上回る「差額選挙」にしたが、候補者は定数の一・五倍以内など限定的である。候補者をしぼるための「民主的協議」(「蘊醸《うんじょう》」と呼ぶ)は党の指導が浸透するプロセスでもある。なお、七〇年代末まで地主・反革命分子など階級所属や政治傾向で選挙権・被選挙権を制限してきたが、七九年に階級による選挙権差別はなくなった。

五〇年代初め、劉少奇は「普通、平等・直接・無記名投票の選挙方式は中国の現状ではとれないし、またとるべきではない。準備工作がすべてうまくいき、中国の大多数の人民大衆が相当長期の選挙訓練をへて、また大体において識字になったとき、この方式を最終的・完全に実行できる」と釈明した[24]。だが、経済レベルや識字率の向上などがあっても、選挙制度は根本的に変わらない。一九八七年には鄧小平が、「普通選挙は順を

24 1951年2月28日劉少奇「在北京市人民代表会議上的講話」『劉少奇選集 下』による。

追って漸次的に進める。移行期も必要だ。大陸では次の世紀に半世紀以上をへて普通選挙が実行できるだろう」と述べている。[25]

二〇一〇年に都市と農村の代表権格差をなくす動きが出てきた。新選挙法は、「議員一人が代表する都市・農村の人口数が等しいという原則にもとづき、各地区・各民族・各方面が求める適切な数の議員数にもとづいて配分をおこなう」(第一四条)と規定した。また、一二年三月の「第一二期全人代議員定数についての決定」では、議員三〇〇〇人中、二〇〇〇人については都市・農村の区別なく、六七万人に一人代表を選出することにした。だが、一五年に就任した一二期全人代の議員が実際に平等原則を適用して選ばれたかどうかは定かではない。

3　党・軍関係――安定中国のアキレスの腱か

党軍か国軍か

中国の武装力(人民解放軍二三〇万人、公安部隊および武装警察六六万人)は、長い間二つの基準の間をゆれ動いてきた。一つは革命の軍隊か国防の軍隊か、もう一つは党の軍

[25] 1987年4月16日鄧小平「香港特別行政区基本法委員会での発言」『鄧小平文選3』による。

隊か国の軍隊か、である。「(革命の中国を転覆させる)戦争の危険は当面ない」と認識しはじめる八〇年代後半から、軍は任務を国防に特化するようになるが、党の軍隊であることに変わりはない。

解放軍は一九二七年の建軍以来、共産党が指導する軍隊であり、党の力の源泉であった。軍隊内の党員比率は高い。一九四九年末には四四九万の党員のうち軍隊内党員が二三・九%だったというから、軍内党員は一〇七万、つまり軍の党員比率は二五%ということになる。六四年には軍隊内党員は一四〇万、党員比率は(党員総数を五〇〇〇万人と仮定して)二八%、八七年末には軍隊内党員が一三四万、兵員総数を三五〇万と仮定して、軍内の党員比率は三八%ということになる。軍はまさに党の母体なのである。

中国軍がソ連・ロシアや米国、インドネシアなどの軍隊と異なる点は、軍隊の任務が戦闘・防衛にかぎられず、生産活動・政治活動も含まれる点である。また、共産党が指導する武装力であり続けていることである。新中国は、日本軍との戦闘、国民党との戦闘に勝つことで生まれた。一九三八年十一月、延安の洞窟で毛沢東はこう述べた。「共産党の一人一人が〝鉄砲から政権が生まれる〟という真理を理解すべきである。われわれの原則は、〝党が鉄砲を指揮する〟のであって、鉄砲が党を指揮するのはけっして許さな

26 毛沢東「戦争和戦略問題」『毛沢東選集』合訂一巻本, 人民出版社, 1964 年による。

い」[26]。この原則はいまも変わっていない。

近代化時代の「戦略的転換」

八〇年代半ばになると中共の国際情勢や安全保障についての認識が根本的に変わり、中国政治における軍の役割を決定的に転換させた。八四年十一月に鄧小平中央軍事委員

図9　解放軍の系統図(1998年)

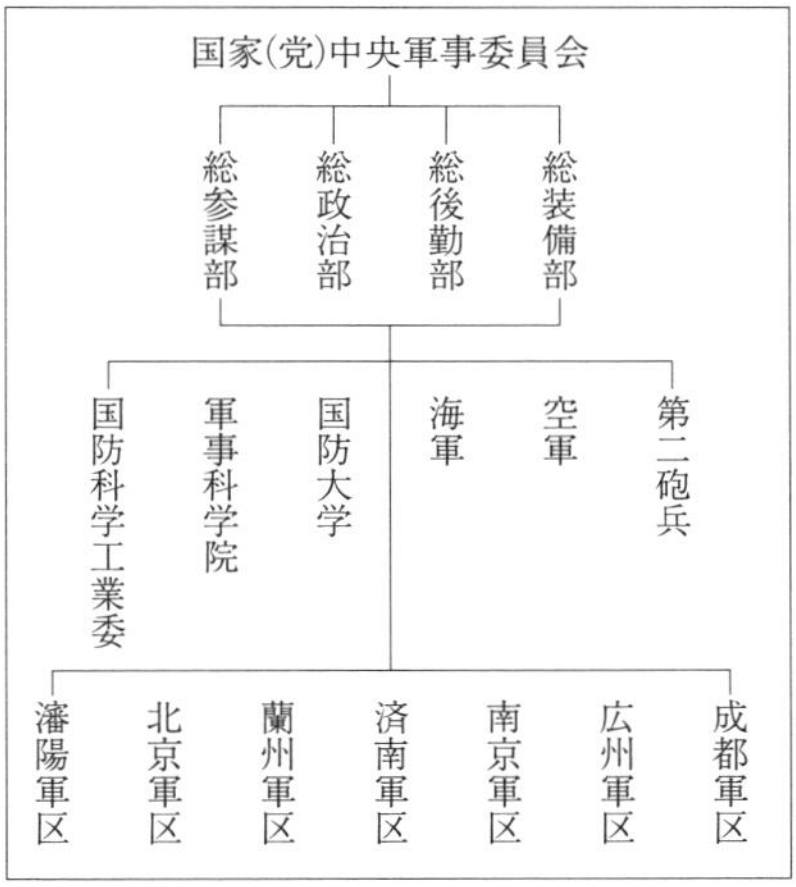

表9　解放軍の公称兵員数

年		公称兵員数(人)
1945年	8月	1,270,000
1949年	6月	4,000,000
1951年	11月	6,110,000
1952年	11月	4,418,000
1956年		3,830,000
1972年	9月	5,950,000
1976年		6,100,000
1982年	7月	4,238,210
1985年	5月	3,235,000
1990年	7月	3,199,100
2000年	11月	2,500,000
2002年		2,500,000
2010年		2,300,000

会主席は、国の総方向は経済建設にある、軍隊はその総方向に従うべきだ、「情勢が好転すれば国力が強くなる、そうなれば、核兵器も近代的装備も軍はもてるようになる」と述べ、翌年五〜六月の中央軍事委員会拡大会議で兵員を一〇〇万人削減する「戦略的転換」をおこなった。

この転換は「戦争は近い将来起こらない」という判断からきている。右の中央軍事委員会で鄧小平は、世界戦争を起こす「資格」があるのは米・ソだが、いずれも破壊性武器をもっており、軍事力が均衡状況になってきているために、どちらも絶対的優位には立てないし、あえて手が出せない、したがって戦争はこれからかなり長い間避けられる、と述べたという。[27]

軍は国防に特化されたものに変わるようにみえたが、一九八九年の天安門事件が軍の任務を再確認させた。軍は政治的危機のなかで「治安軍」、裸の強制力として立ちあらわれた。党軍こそ一党独裁を支える唯一の物理的な力なのである。だが、文化大革命期のように軍が政治化し、「鉄砲が党を指揮する」状況が再現する可能性は少ないだろう。国際環境が劇的に変わったし、中国自身、経済発展第一の方針を変えられないからである。「党が鉄砲を指揮する」は、いってみれば、中国式シビリアン・コントロールなのである。

27 秦耀祁主編『鄧小平新時期軍隊建設思想概論』解放軍出版社，1991 年による。

統帥権はどこにあるか

中国軍の統帥者は誰か。一九五四年憲法で、国家主席(毛沢東、五九年から劉少奇)が「全国の武装力を統率し、国防委員会主席の任にあたる」ことになった。だが五八年の中央軍事委員会は、「軍隊の組織・体制の変更についての決議」(草案)で、軍の統帥権が党の中央軍事委員会にあることを明確にしたのである。[28] これが今日まで続いている。

近代化政策を採用した一九八二年憲法でこの原則は再確認された。同憲法は、「中華人民共和国の武装力は人民に属する」(第二九条)とするとともに、中央軍事委員会(主席=鄧小平、その後江沢民《こうたくみん》)が「全国の武装力を領導する」(第九三条)とした。同時に国家中央軍事委員会を新設して、国家が軍を掌握するという形式をつくった(後述)。

党—軍関係をはっきりさせたのが国防法である(一九九七年三月全人代八期五回会議で採択)。同法ははじめて、国家と党の中央軍事委員会の職権を次のように定めた(第一三条)。

①全国の武装力を統一指揮する、②軍事戦略と武装力の作戦方針を決定する、③解放軍の建設を指導し、管理する、④全人代・同常務委員会に議案を提出する、⑤軍事法規を制定・命令する、⑥解放軍の体制と編制を決定する、⑦武装力成員の任免などを決定

28 鄧礼峰編『新中国軍事活動紀実 1949-1959』中共党史資料出版社, 1989 年による。

する、⑧武装力の装備体制などを決定する、⑨国務院と共同して国防経費と国防資産を管理する、その他。

こうして、党と国家の中央軍事委員会が軍事に関するすべての領導機関であることが国法に定められた。

国防法のもう一つのポイントは、軍に対する党の指導を法で確定したことである。第一九条に、「中華人民共和国の武装力は、中国共産党の領導を受け、武装力内の共産党組織は中共党規約にもとづいて活動する」とある。

なぜ、国法に「党の領導」を新たに定めたのか。まず、党・国家・軍の三位一体がくずれることは即体制の崩壊につながる、という危機感が中国のリーダーの脳裏にたたき込まれているためだろう。一九九一年のソ連崩壊のきっかけは党の崩壊、軍の党からの離脱であったし、天安門広場の「危機」を救ったのは長老たちと解放軍だからである。[29]

次に一九九六年三月の「台湾海峡の危機」である。当時台湾では、台湾独立をめざす李登輝《りとうき》総統が、初の公選で当選が予想されていた。中国はそれを抑えるために、九五年後半から台湾海峡でのミサイル演習を続け、海峡は緊張した。解放軍内の若い将校の間で対台湾主戦派が台頭し、指導部、とくに外交部を強く批判したという。党中央は軍に

29 遅浩田国防相の説明『解放軍報』1997 年 3 月 7 日による。

対するコントロール強化に腐心しただろう。いずれにせよ、国防法出現で軍隊の「国家化」の道はまた一歩遠のいた。

二つの中央軍事委員会

党中央軍事委員会は、一九五四年九月「中央政治局および書記処のもとで、軍事工作全体の領導をおこなう」機構として発足した。当初は、国務院の国防部と統一戦線組織の国防委員会が脇を固めた。

だがこの体制は五八年に大きく変わった。同年半ばの中央軍事委員会拡大会議「軍隊の組織・体制についての決議」（草案）は、中央軍事委員会は党中央の軍事工作部門、全軍を統一的に指導する統帥機関であり、軍事委員会主席（毛沢東）が全軍の統帥であるとした。

その後文化大革命期には軍の政治化が進み混乱したが、一九八二年に「全国の武装力を領導する」機関として国家中央軍事委員会が新設され、今日にいたっている。だがじつは、国家中央軍事委員会と党の中央軍事委員会はまったく同じ組織である。国家中央軍事委員会ができると党の軍に対する指導がくずれるのではないかとの懸念に対して、当時のある通達は、「国家中央軍委の設置は軍隊に対する党の指導を弱めることにはならない。……党と国家の中央軍委は実際には一つの機構であり、構成員ならびに軍隊に対する領導機能はまったく同じだ……」と説明した。[30]

軍の利益集団化と汚職

中国の軍は「武装した党」である。旧ソ連と比べてみるとその特質がはっきりする。旧ソ連では軍が党と分離して一つの職能集団を形成し、党とではなく、経済官僚制と結びつくことによって「軍産複合体」をつくり、一九八〇年代後半頑強な現状維持勢力としてペレストロイカに抵抗した。また一九九一年八月、ソ連保守派の最後のクーデタを「三日天下」で終わらせたのも、軍が政治、つまり党と離れていたためである。

中国では、「戦争は避けられる」国際状況、湾岸戦争以後の世界の戦争形態の激変、そして三〇年続く経済成長で中国が世界第二位の経済大国に踊り出たことで、軍の位置に重要な変化が生じているようである。

一九九七、九八年当時、解放軍と中国政治の関わりが変わった。一つは、たった一人中央政治局常務委員会に入っていた劉華清《りゅうかせい》(海軍司令)が退き、政治局で軍の利益を直接

30 前掲『中国改革大辞典』, 陳斯喜・劉松山「憲法確立国家中央軍事委員会的経過」『人大研究』2001年第3期による。

代弁するチャネルを失ったことである。もう一つは、九八年に中共中央の通達で、軍の経済活動が全面的に禁じられたことである。保利企業集団(八四年に解放軍がつくった保利科学技術有限会社が九九年に国務院のもとに入り、武器生産を始めて多角的経営をしている)などが武器装備の生産と経営で利益を手にし、一種の軍産複合体をつくる兆しが出てきた矢先に、軍の動きは封じられた。

二〇〇二年に軍の四つの総部(総参謀部・総政治部・総装備部・総後勤部)と海軍・空軍・第二砲兵の各司令が国家/党中央軍事委員会の正規メンバーとなり、中央軍事委員会と解放軍の関係はかなりすっきりしたようにみえる。他方でこの間、国防予算の急激な増加があった。図10は一九八八年以来の公表国防費総額の推移である。毎年二桁の成長は、九〇年代後半軍の国防予算要求が政治局レベルでコンセンサスをえたことを意味している。軍は予算の配分、対外政策をめぐるパワーの拡大を当然求めよう。その結果、二〇〇四年から一〇年間で中国の国防費は四倍にふえたことになる。

図10　中国の公表国防費の推移(1988-2014年)

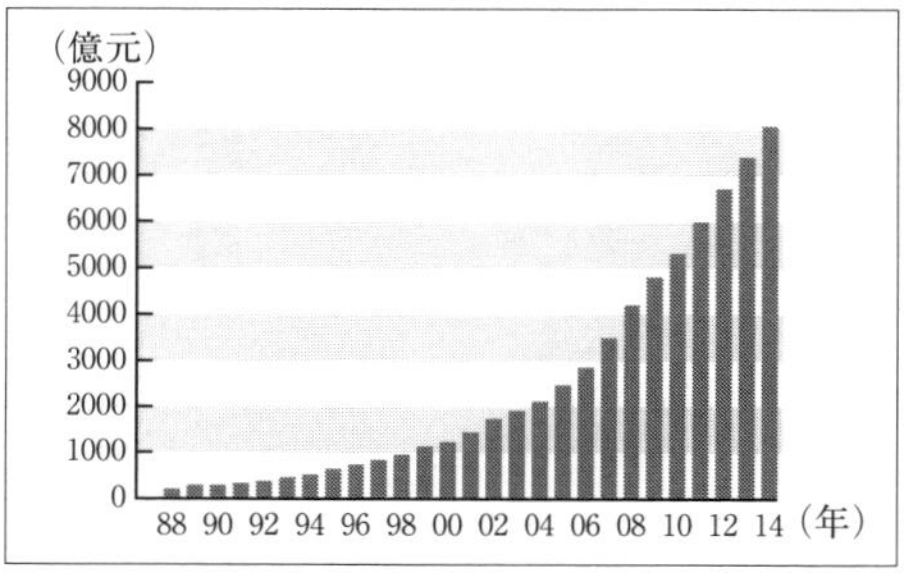

[出典]「4年間の二桁成長」朝日新聞2014年3月5日

中国外交で顕著な変化が九〇年代末から観察できる。外交部の比重が減り、かわって経済官庁・国有企業・金融資本・石油資本・地方政府など、「新たな関与者」が外交に出てきた。ネット市民(ネチズン)も「新しい関与者」である。ストックホルム国際平和研究所(SIPRI)の二〇一〇年報告書が「新たな関与者」とみているのは、商務部・地方政府・大企業・研究者・ネット市民などで、とくに石油資本などのエネルギー関連の大型国有企業や中国輸出入銀行、国家開発銀行などの中央金融機関、地方政府が運営する国際経済技術企業集団などである。宝山鉄鋼公司、中国石油天然ガス集団公司、中国石油化工集団公司、中国海洋石油総公司などが国際展開するにつれ、彼らの具体的利益が時に「中核的利益」、国家的利益として主張されるようになる。この報告書はそれを「断片化された権威主義」(segmented authoritarianism)と呼んでいる。[31]

なお、好調な軍事産業の陰で中国の武器輸出が伸びている。SIPRIが二〇一五年三月に発表した国際武器取引に関する報告書では、二〇一〇〜一四年の五年間の世界の武器取引量は、〇五〜〇九年と比べて一六%増加、国別輸出量では〇五〜〇九年に九位だった中国が一〇〜一四年は独・仏両国を抜いて米国とロシアにつぐ三位に浮上した。おもな輸出先はパキスタン(四一%)、バングラデシュ(一六%)、ミャンマー(一二%)で

31 リンダ・ヤコブソン，ディーン・ノックス(岡部達味監修，辻康吾訳)『中国の新しい対外政策』岩波書店，2011 年による。

ある。[32] 軍産複合体が利益集団として外交に影響力を発揮する傾向が強くなろう。

また、軍将校の高学歴化が進んでいる点も軍のパワーに影響しよう。二〇〇一年末現在、軍には博士・修士号取得者が二万六〇〇〇人おり、そのうち一〇〇〇人近くが留学経験をもち、作戦部隊の高級指導部（将校クラス）の大学専門学校卒の比率は、軍レベルが八八％、師が九〇％、団が七五％、解放軍将校全体では七一・八％にのぼるという。[33]

軍──三位一体体制のアキレスの腱？

こうしたなかで、党─軍関係が党・国家・軍の三位一体を危うくするアキレスの腱になる可能性が出ている。軍が利益集団として政治・外交に介入する動きをみせているし、「党が軍を指導する」原則について公然と「異論」が出てきているからである。さらに、第一八回党大会以来、軍の制服組トップの汚職・逮捕が続き、軍が習近平《しゅうきんぺい》政権の反腐敗キャンペーンのターゲットとなっていることも、党─軍関係の危険な状況を推察させる。

二〇一一年九月、国務院新聞辦公室「平和発展白書」は、「中国の核心的利益」を、①国家の主権、②国家の安全、③領土保全、④国家の統一、⑤中国憲法が確立した国家の政治制度と社会の大局的安定、⑥経済社会の持続可能な発展、の六つと確定した。

32 朝日ネット 2015 年 3 月 16 日「中国武器輸出三位に上昇」による。
33 蕭裕声「中共 13 届四中全会以来軍隊和国防建設発展歴程及経験」『当代中国史研究』2003 年第 4 期による。

⑤・⑥が「核心的利益」に含まれるとするのは今回が初めてである。[34]「国体の護持」こそ党にとってもっとも大事な守るべき「国家利益」なのだろう。

それとは逆に、党―軍関係をみなおそうという提案も出ている。法学者・馬嶺《ばれい》(中国青年政治学院)は、現行憲法と国防法などの軍事に関わる法や党の内規の間の齟齬を次のように問題にする。

国防や侵略への抵抗などの義務以外のものを「武装力の任務」とするのはおかしい。

中央軍事委員会主席は中国の公職で唯一の終身制だが、任期を設けるべきだ。

中央軍事委員会を、全人代に責任を負い監督を受ける普通の国家機関に変えるべきだ。[35]

超法規的な中央軍事委員会を普通の国家機関にし、国防部の権限を強めることで、実質的な「軍隊の国家化」の第一歩にしよう、という意図だろう。権威と統治力が衰弱しつつある党にとって、軍との関係をどう再構築するかは厄介な課題である。

最後に反汚職キャンペーンについてふれておこう。腐敗・反腐敗全般については第4章で分析するが、軍においては、二〇一二年十一月の第一八回党大会以後にかぎっても、徐才厚《じょさいこう》(中央軍事委員会副主席)、谷俊山《こくしゅんざん》(総後勤部副部長)、楊金山《ようきんざん》(成都軍区副司令)、そして郭正鋼《かくせいこう》(浙江軍区副政治委員)が汚職・収賄・職権乱用などの疑いで次々に拘束され

34「中国的和平発展白皮書」(http://baike.baidu.com/view/6428210.htm)による。

35 馬嶺「我国現行憲法中的軍事権規範」『法治論叢』2011年第2期による。

ている。郭は、徐才厚とともに軍事委員会副主席を務めた制服組のトップ＝郭伯雄《かくはくゆう》（収賄容疑で二〇一五年三月拘束、五月に党籍剥奪）の息子である。

なお、徐才厚は一年あまりの闘病のすえ、二〇一五年三月十五日死去した。家宅捜索の結果、隠匿現金が一トンをこえたといわれるほど収賄にまみれ、軍隊人事を徹底的に金銭で動かしていたといわれる。彼の死後も、軍をめぐる反腐敗の大キャンペーンから目が離せない。[36]

このような反汚職キャンペーンが何を意味するのか、軍をターゲットにした背景は何か、などはわからない。だが、いずれにせよ、党の土台石である軍の腐敗が極めて深刻であること、党と軍の間に深い溝があること、などは推測できる。党―軍関係を現体制のアキレスの腱だと考えるゆえんである。

36 財経網 2015 年 3 月 16 日,「徐才厚死了, 軍隊反腐還在路上」による。

第3章　共産党——エリートの党へ

1 「三つの代表」論の登場

三つの代表とは

党・国家・軍三位一体からなる超安定メカニズムは三〇年来少しも変わっていない。だが、その核心にいる共産党自身が、経済成長と市場化によって大変身中である。八七〇〇万の党員をかかえ「世界最大の政党」を名乗る中共は、過半数を占めていた労働者・農民が九〇年代末から半分を割り込み、その反対に党や国家機関・企業の幹部（官僚と企業家）が三割以上を占めるようになった。また、党員の学歴が急激に高くなり、第一七回党大会（二〇〇七年）以降は、大学卒・専門学校卒の割合は、一般党員で三七％、中央委員で九八％、政治局委員で九九％をこえるようになった（二〇一四年末データでは一般党員で四三％をこえた）。さらに、第一六回党大会（二〇〇二年）での「三つの代表」論採用で、私営企業家が新勢力として党に入ってきたことも変化の一つである。彼らの三割が入党しているという。党がエリートの党、富裕層の代表へと変わったことは、中国政治の安定や民主化にどのような意味をもつだろうか。党の新しい正当性はどこにあるのだろうか。

胡錦濤《こきんとう》体制をスタートさせた第一六回党大会は、党の若返りとエリート化、「三つの代表」論で共産党が新時代に入ったことを告げた。大会では、退く江沢民《こうたくみん》が政治報告をおこなった。そこでのポイントが「三つの代表」論であった。江は「三つの代表」論を、「長く堅持すべき指導思想、執政の基礎、力の源泉」とし、「合法的な不労所得を保護する」と明言した。中共が労働者・農民の利益を代表する階級政党から国民政党、ひいてはエリートの党へと転生した瞬間である。

では、「三つの代表」とは何か。新党規約総綱は、党が「先進的生産力の発展の要請、先進文化の前進の方向、もっとも広範な人民の根本的利益という(三つの)代表であること、「三つの代表」論が「党の理論的武器、立党のもと、執政の基礎、力の源泉である」とした。党員資格に「その他の社会階層の先進分子」が加わり、党員リクルート対象も「青年」一般になった。

党内異論派の形成

興味深いのは、「三つの代表」を採択した第一六回党大会前後から、党内異論派が実質的に許されていることである。江沢民の党創立八〇周年講話(二〇〇一年、三つの代表論と私営企業家の入党許可)については侃々諤々の議論が出てきた。一方では、鄧力群《とうりきぐん》(一九八二~八五年に党中央宣伝部長を務めた、保守派の代表)・袁木《えんぼく》・呉冷西《ごれいせい》ら保守派の古参党員は「意見書」を出して、階級性こそ党の基本的属性であり、私営企業家の入党は重大な党規約違反で、党大会や中央委員会に諮らず個人で発表した江沢民自身重大な党規約違反を犯した、と弾劾した。意見書はネットをつうじて流れたが、私営企業家の吸収などについて内部に強い批判があるのがわかる。[1]

他方では、党外の改革派・リベラル派の曹思源《そうしげん》が、①「三つの代表」論は重大な突破であり歓迎する、②「中国社会党」へ党名変更も考えるべきだ、③党内競争、政策面での党内分派を認めるべきだ、④党内で決定権・執行権・監査権の三権分立をおこなうべきだ、などと提言している。[2]八〇年代に趙紫陽《ちょうしよう》体制を支えた曹思源は天安門事件後、党を離れたが、このような意見に賛同する党員幹部も多数いるだろう。党内ではさまざまな考え方が渦巻き、実質的な多元化が始まっている。

1 前掲『中国の新しい対外政策』, 新観察 /xgc2000.net20010722「一群老共産党員的信」による。

2 曹思源「対一六大文件起草的四点建議」『北京的春』2002 年 6 月号による。

江沢民の党大会報告は経済分野でも画期的な方針を打ち出した。第一がGDPを二〇〇〇～二〇年に四倍に引き上げる「第二次四倍増」計画、第二が商品・技術・資金の導入から、商品・資本・労働力の海外進出、多国籍企業の振興などへと、対外開放を「新段階にレベルアップする」政策である。

二〇〇六年に「新西山会議派」なる一種の理論グループが生まれたが、これは今後の改革をどう進めるかについてエリート内に重大な分岐があり、リベラル派が結集して党内異論派を形成しつつあることを示した。三月の国務院中国経済体制改革委員会の会議で、市場化でも、民主化でもリベラルな意見を開陳したのは、高尚全《こうしょうぜん》（同会会長）、張《ちょう》維迎《いげい》（北京大学）、張曙光《ちょうしょこう》（北京天則経済研究所）などで、法学者の賀衛方《がえいほう》（北京大学）は多党制、報道の自由を将来の方向として示すとともに、台湾のいまおよび将来は「中国のモデル」だと大胆に論じた。なお、このリベラル派は、一九二五年十二月、国民党右派が北京の郊外西山で秘密会議を開き、西山会議派と呼ばれた故事に倣い、「新西山会議派」と呼ばれる。[3]

3　加藤弘之「中国――改革開放三〇年の回顧と展望」『国民経済雑誌』第199巻第1号，2009年による。

2　二〇一四年の中共

高学歴化とエリート化

以下で、中共の変身を数字からみてみよう。共産党の大変化が顕著になるのは、とくに二〇〇〇年代に入ってからである。党に関わる公式データは大変少ないし、極めて選択的にしか公表されない。表10は中共中央組織部の公式データで示す、二〇〇二年六月、〇七年六月、〇八年末、〇九年末、一四年末の党の組織状況である。八七〇〇万をこえる党員をかかえる巨大組織を、政治学でいう通常の政党とみなせるのだろうか、という問題をはらんでいるが、全般的に次のことがいえる。

①二〇〇九年には、全体党員中、労働者・農民は四〇%を切り、幹部・専門家の比率が高まって

表10　中国共産党の党員構成比（2002-2014年）

	2002年6月	2007年6月	2008年末	2009年末	2014年末
党員数（万人）	7239.1	7336.3	7593.1	7799.5	8779.3
工人	★45.1%	10.8%	9.7%	8.9%	8.4%
農牧漁業		31.5%	31.3%	30.8%	29.5%
機関幹部企業管理・技術要員	28.0%	29.1%	30.4%	31.2%	32.9%
学生		2.6%	2.6%	2.9%	2.6%
離退職者	16.4%	18.8%	18.8%	18.6%	18.5%
軍人・武装警察		2.2%			
その他職業	5.6%	5.0%	*7.4%	*7.6%	*8.19%
学歴その他					
大専以上学歴者		31.1%	34.0%	35.7%	43.0%
女性党員比率		19.9%	21.0%	21.7%	24.3%
少数民族党員比率		6.4%	6.5%	6.6%	6.9%
35歳以下党員比率		23.7%	23.5%	23.7%	25.6%

★ 工人・郷鎮企業職工・農牧漁業を合計した数字

＊ 軍人を含むかどうか不明

［出典］中共中央組織部発表データ（新華社2002年9月1日，『人民日報』2007年7月9日・10月9日，広播網2009年7月1日，人民網2010年6月28日，2014年末は『人民日報』2015年6月30日）

いる。

②二〇一四年には、大学卒・専門学校卒が四三％をこえた（約三七〇〇万人）。全人口中の大卒者の割合を五％と仮定すると、全国の大卒者は六五〇〇万人となる。その五五％以上が党に吸収されていることになる。また、ランクが高くなるほど党員の高学歴化は顕著で、二〇一二年第一八回党大会で選出された中央委員（候補を含む）三八〇人中、大学・専門学校卒の比率は九八・五％だという。

以上のデータだけからしても、中共が高学歴のエリート集団になりつつあることがわかる。なお、すでに紹介したＳＩＰＲＩの研究者ヤコブソンなどの調査によると、一七期中

表11　党員の職業構造変化（1949-2010年）

	1949年	1956年	1987年	1999年	2010年
労働者・農牧漁民	62.10%	83.10%	56.60%	48.80%	39.10%
専門家・機関幹部・管理要員・知識分子・学生・軍人	35.80%	11.70%	30.50%	32.00%	34.60%
その他	2.10%	5.20%	12.90%	19.20%	*26.30%

［出典］1949年：趙生暉他編『中国共産党組織史綱要』243頁，1956年：同上294頁，1987年：『北京週報』1989年第23号，1999年：『人民日報』1999年6月28日，2010年：新華社網2011年6月24日

＊ 2010年のその他＝その他職業者＋離退職者

表12　共産主義青年団の職業構成（2008年末）

	人数（万人）	構成比率（％）
団員総数	7,858.8	26.02 1)
学生	4,033.7	51.3
第一次産業従業者	2,117.1	26.9
第二次産業従業者	566.8	7.2
第三次産業従業者	1,141.3	14.5
女性	3,568.1	45.4
少数民族	641.4	8.2
非公有制経済組織の従業者	446.4	5.7

注1）共青団メンバーの全国青年に占める比率。

［出典］新華社2009年5月3日

央委員会で八五％（一七二人）が少なくとも学士、七三人が修士号、一六人が博士号をもっているという。この傾向は一八期にいっそう強まろう。

エリートの党へ

表11は一九四九年建国当時からの党員構成の変化である。中国のデータは比較するアイテムの基準が変わるので、系統的に変化を追えないようになっているが、傾向的に、八〇年代半ばから、労働者・農民の党からエリートの党への変化が始まり、九〇年代後半に決定的になったといえる。まさに、改革開放政策の進展と歩調を合わせて進んできたのである。とくに九〇年代半ば以降、改革開放が富める者に有利になったこととエリートの党への変化には強い連関がある。なお、青少年から選抜された共青団は党員予備軍であると同時に、幹部予備軍でもある。団は共産党と同数八〇〇〇万の団員をかかえている。全青年の四人に一人が共青団に入り、全団員の半数が大学生である（表12）。党の予備軍は着実に育ちつつあり、政治的人材養成のチャネルとしてまだ機能している。胡耀邦《こようほう》、胡錦濤などのトップリーダーは若いころ共青団の責任者であった。中共のトップリーダー集団内部では、古参のリーダーたちの子弟のグループを指す「太子党派」と

「共青団派」が対立しているとよくいわれるが、共青団はトップエリートになる人材の貯水池である。

3 新アクター——私営企業家

私営企業家の登場

党の大変身のもう一つの要素は、市場化の進展にともなって私営企業家が登場し、しかも彼らが党の勢力の一翼を形成しつつあることである。表13は一九九〇～二〇一〇年にいたる二〇年間のいわゆる私営企業の発展を示すデータである。九〇年に一〇万弱だった私営企業は二〇年後、八〇〇万をこえた。それら私営企業で働く従業員は一五〇万人から七六〇〇万人に激増した。なお、いわゆる私営企業の八割が大小の有限責任公司である。

彼らはどのような政治指向をもっているだろうか。いくつかのデータを紹介しよう。第一が、雑誌『財経』(二〇〇二年)のデータである(表14)。私営企業家の八割が、党が認可している唯一の企業家組織である全国工商業連合会に所属して、身の安全をはかっている。興味深いのが共産党に身を寄せている企業家が三〇%近くおり、またそのほとんどが政治協商会議など、何らかの政治(権力)組織との関わりをもっていることである。

なお、権威のある白書(藍皮書)のデータでは、私営企業家のなかの党員比率は、表15のデータが示すように漸増しており、二〇一〇年には企業家の四〇%は党員となっている。

もう一つのデータは研究者によるアンケート調査である。社会調査をしているB・ディクソンとJ・チェンは、二〇〇六年末から〇七年初頭にかけて沿海四省の私営企業を調査し、興味深い結果を〇七年と〇八年の『チャイナ・クオータリー』に発表している。表16によれば、〇七年時点で、私営企業家の四〇%が官僚・国有企業社長をはじめとするいろいろな前歴をもつ党員で、入党申請中の者も含めれば半数におよぶ。なお、全国政治協商会議の委員中の企業家は、第八期二三人、第九期四六人、第一〇期六五人、第一一期一〇〇人以上である。また、全人代代表中の企業家は、第九期四八人、第一〇期二〇〇人あまり、第一一期三〇〇人前後と急増している。[4]

上記二つの論文でディクソンは、私営企業家について次のように暫定的評価をしている。

4 前掲『中国の新しい対外政策』, 張厚義・呂鵬「私営企業主的経済分化与政治面貌変化」陸学芸他編『社会藍皮書 2013』社会科学文献出版社, 2012 年による。

表13　中国の私営企業(1990-2010年)

	1990年	1995年	2000年	2005年	2010年
企業主人数(万人)	22.4	134.0	365.3	1,109.9	1,794.0
私営企業戸数(万戸)	9.8	65.5	176.2	430.1	845.5
登録資本総額(億元)	95.2	2,621.7	13,307.7	61,331.1	192,000.0
雇用労働者数(万人)	147.8	822.0	2,011.1	4,714.1	7,623.6
工業産値(億元)	121.8	2,295.2	10,739.8	27,434.1	—
営業額(億元)	51.5	1,499.2	9,884.1	30,373.6	—
納税額(億元)	2.0	35.6	414.4	2,715.9	8,202.1

［出典］汝信編『社会藍皮書2012』社会科学文献出版社，2012年

表14　私営企業家が参加している政治組織(2002年)

工商業連合会	79.0%
各種の協会組織	48.0
政治協商会議	35.1
中国共産党	29.9
人民代表大会	17.4
民主党派	5.7
共産主義青年団	2.0

［出典］『財経』電子版2003年5月

表15　私営企業家の政治態度——党との関係(1995-2010年)（単位：%）

政治態度	1995	1997	2000	2002	2004	2006	2008	2010
中共党員	17.1	16.6	19.8	29.9	33.9	36.4	33.5	39.8
民主党派	5.0	—	6.7	5.7	6.7	5.5	7.0	5.5
共青団員	4.5	—	—	2.0	6.8	4.5	7.7	—

［出典］張厚義·呂鵬「私営企業主的経済分化与政治面貌変化」陸学芸他編『社会藍皮書2013』社会科学文献出版社，2012年，304頁

表16　私営企業家と中国共産党(2007年)

中共党のメンバーシップ	比率(%)	人数(人)
中共党員　元役人	7.9	161
中共党員　元国有企業社長・理事長	10.3	211
中共党員　その他のタイプ	21.0	430
中共党に入党申請中	8.4	172
非中共党員	52.4	1,074
合計	100	2,048

［出典］Jie Chen, Bruce J. Dickson, "Allies of the State: Democratic Support and Regime Support among China's Private Entrepreneurs", *The China Quarterly*, 196, Dec. 2008, pp.780-804

①私営企業家は現体制に対して強い支持を示し、他方民主主義的価値や制度に対する彼らの支持は極めて弱い。
②既成秩序に対する彼らの指向に影響を与えているのは、政府の業績、物質的・社会的獲得物に対する彼らの基本的な満足感である。
③私営企業家の意識、政治参加、選好と、「幹部」のそれとの間に意識的違いはほとんどない。
④中共は私営企業家を党に吸収し、また党員のビジネス界進出を進めることで民間セクターとの統合を強めつつある。
⑤富と権力の統合によって、現存の権威主義的政治体制への挑戦ではなく、その維持に向かっている。
⑥政治学者による通常の経験則的予測を裏切って、中国では私有化は民主化に向かわせるものではなく、私有化アクターが既成の政治システムへと統合しつつある。[5]

なお、二〇一二年の中国側データでは、企業の規模が大きいほど企業家は政治参与に熱心で、中国の富豪ランキング「胡潤百富」などにランクインしている企業の企業家一〇〇〇人中一五二人が何らかの政治的身分をもち、五〇位以内では一五人が政治的身分

5 Dickson, Bruce J., *Wealth into Power,* Cambridge Univ. Press, 2008 による。

をもっている。また、「金持ちの企業家が政治に関わる」(富商従政)が二〇一一年の流行語になったほど、企業家たちの政治化・階層化が進んでいるという。[6]

政治に接近する企業家たち

企業家をめぐって昨今顕著な現象は、彼らが党大会の代表になったり、党中央委員になったり、政治に積極的に関わりはじめたことである。あるデータでは、第一八回党大会の代表二二七〇人中、各種企業家が一四五人(内訳は国有企業一一一人、私営企業が三四人)である。国有企業の半分は大型の中央独占企業で、石油関係企業の社長や理事長八人が党大会の代表になった。人民ネットの「中国経済週刊」二〇一二年十一月六日には、この一一一人の全リストが出ているが、多くが『フォーチュン』などでグローバル五〇〇位内にランクされている超巨大企業の社長や理事長である。党大会は企業を代表する有名な金持ちと高級役人のサロンを思わせる。第一八回党大会では私営企業の代表は三四人だが、第一六回では七人、第一七回では一七人だった。さきに紹介した三一重工の梁穏根《りょうおんこん》もその一人だ。第一八回党大会では、上海・香港で上場している巨大国有企業、例えば、中国通信・中国国家電網公司・中国石油天然ガス集団公司・中国建設銀行、

6　前掲『2008年中国社会形勢分析与予測』2008年，『人民日報』2007年6月11日による。

民間では最大の家電メーカー、ハイアール（海尔）の会長などが勢揃いしている。

また、かなりの企業家が中央委員会入りしている。第一六回・一七回党大会ともに、三六〇人ほどの中央委員・同候補のうち、二〇人が中央国有企業と巨大銀行（国有および準国有）の経営者であった。[7]

第一八回党大会ではどうか。中央委員（全二〇五人）に当選した企業家は六人、中央委員候補（全一七一人）になったのは一八人、合計二四人の企業家が党中央に入った。[8] かなり大きな勢力である。中国銀行株式有限公司・兵器工業集団公司・航空工業集団公司・中国石油集団公司など、トップ企業の責任者が名を連ねている。議会内で彼らが自己の利益を主張する強力な派閥として動かない、という保証はない。文字どおり彼らは、社会的地位と富、そして政治的権力すべてを手にしたエリートであり、近い将来彼らこそ国の政策を左右するようになるだろう。

このように、昨今の私営企業家たちは政治志向が強い。湖南の中規模都市衡陽《こうよう》市の人民代表大会で、省レベルの議員を間接選挙で選ぶさいに大規模な「買官」（賄選）があった。二〇一二年末のことである。選ばれた省の議員七六人中五六人が買官し、議員一人につき二〇万元が動いたという（後述）。

7　前掲『2011年中国社会形勢分析与予測』2011年による。
8　検索エンジン「百度百科」などから。

市場化で大変身する共産党

以上のデータ、情報や分析から、党や新アクターについて次のように結論できよう。

①江沢民時代、とくに九〇年代後半から党のエリート化が急激に進んだ。包括政党化というよりエリート政党化の状況が顕著であり、その意味では「三つの代表」ではなく、高いランクのエリートを代表する、「一つの代表」と名づけたほうが適切かもしれない。

②中共中央委員会・全人代が示すように、党や機関のヒエラルヒーの上に行けば行くほどエリート化がめだつ。一般社会より党に、党全体より党の中央委員会に、党中央でも最高位の政治局常務委員会のメンバーに富と権力と声望(学歴)が集中している。

③元新華社記者の楊継縄《ようけいじょう》の研究(第4章2節参照)が示すように、五%にも満たない一群の人々(上等階層および中の上階層)が財力・権力・知力を独占中である。

④私営企業家の今後が注目される。中国社会の変容は始まったばかりである。いまは私営企業家と一括りに論じているが、企業の規模・利益の大小によって私営企業家がかならずいくつかの階層に分かれていくだろう。どういう条件ができれば彼らが

「資本家」になるのか。資本家・中間層・労働者農民という三者からなる構造ができたときに中国社会の変容が一つの段階を終え、新段階に入るといえるのだろう。

⑤この三層化への中国社会の変容は、党の構成や政治的役割を根本的に変えるだろう。三つの階層を共産党という一つの政治組織にいつまでも止めおくことはできない。党内派閥の形成と公認、それによる党の分化、そして多党制への移行を予測することはそれほど難しいことではない。

ちなみに、昨今の党の変身については、共産党内部からも、「エリート・クラブ化」「肥満化」「金持ち化」として批判が出ている。王暁光《おうぎょうこう》(香港中文大学)は、共産党はいま、精神の弛緩、能力不足、大衆からの遊離・腐敗に加えて、エリート化・肥満化の危険にさらされていると警告を発している。[9]

9 中国改革網2011年7月29日, 王暁光「四大危険外, 執政党還面臨哪些危険」による。

第4章　政治社会の緊張

二〇一二年秋にスタートした習近平《しゅうきんぺい》政権は、「中国の夢」を掲げ、共産党建党一〇〇周年（二〇二一年）までに「全面小康」を、建国一〇〇周年（二〇四九年）までに中等レベルの国を実現するという長期の目標を設定し、国民の支持を保持しようとしている。

しかしすでに胡錦濤《こきんとう》時代から、経済の高速度成長が中国社会に多くの歪みをもたらし、政治社会を緊張させている。とくに、多元化する利害を背景にした権力内の対立、国家の経済への過剰な介入、あらゆる領域での腐敗の蔓延などが成長のつけとして襲いかかっている。本章では、1．リーダーシップ内抗争、2．「国家資本主義」と特権階級、3．構造化する腐敗、の三つに分けて迫ってみよう。そして終章で、二〇一〇年頃から海洋進出をめざし、大国外交に転じた中国の対外関係についてふれておきたい。中国が「覇権」国になるのだろうか、この問いは今後の日中関係を考えるとき大変重要な点である。

じつは、上記三つの緊張以外に、ＰＭ２・５に代表される環境汚染、格差の拡大、辺境地区における民族・宗教をめぐる抗争の暴力化などを取り上げたかったのだが、紙数の余裕がなくなった。関心がある方は、拙著『現代中国政治――グローバルパワーの肖像』(名古屋大学出版会、二〇一二年)、毛里和子・加藤千洋・美根慶樹『二一世紀の中国 政治・社会篇』(朝日新聞出版、二〇一二年)などを参照されたい。

1 リーダーたちの不協和音

「中国モデル」をめぐる対立

二十世紀末、ロシア(旧ソ連)も東欧もモンゴルも、計画経済から市場経済へ、社会主義を棄てて資本主義に走った。これらの移行経済国は、IMFの処方箋どおりに急激な市場化・民主化をおこない(ショック療法)、いずれも失敗した。姚洋《ようよう》(北京大学)の逆説的いい方を借りれば(本書二八頁参照)、ほぼIMFの「ワシントン・コンセンサス」どおりに改革を実施して、唯一市場経済への移行に成功したのが中国である。世界のエコノミストがこの中国の改革開放に注目した。二〇〇四年にJ・C・ラモ(元『タイム』編集者、後清華大学教授)が「北京コンセンサス」と呼んで以来、中国でも「中国モデル」論が大

1 Joshua Cooper Remo, *The Beijing Consensus,* The Foreign Policy Center, 2004 による。

流行している。ラモは、この中国のモデルを、第一に刷新価値の再評価、第二にGDPだけでなく国民生活の質の向上、第三に自国の発展方式を決める権利、と定理化した。[1]

だが、中国モデルについては中国内部で激しい議論がある。リベラル派である杜光《とこう》(中共中央党校)は、いま理論界は新左派(保守派)・市場派(中間派)・民主自由派(リベラル)の三派あるとみる。他方歴史学者の袁偉時《えんいじ》(広州中山大学)は、新左派・自由主義派に分かれているが、昨今伝統・儒学に回帰する国学派が台頭し、国学派と新左派が結託しつつあるとみる。[2] 一般に新左派は中国モデルを支持、リベラル派は批判する。市場派はその中間といってよい。

リベラル派の見方の一つの代表は「官製資本主義」が進んでいるとする呉軍華《ごぐんか》(日本総合研究所)である。呉は、改革開放が第三段階に入った一九九七年から「社会主義でもなければ純粋な市場経済でもない」ものが生まれたという。[3]

これに近いのが杜光・楊継縄《ようけいじょう》(『炎黄春秋』副編集長)・秦暉《しんき》(清華大学)などである。杜光は二〇〇九年からの「国有企業の攻勢・民間企業の後退(国進民退)」によって国有企業による寡占が進み、政治権力が市場に介入して公正な競争や健全な市場が阻害されているという。杜が憂慮するのが、権力と財を独占した少数の「権貴資産階級」の誕生で

2 『炎黄春秋』電子版2010年第8期，杜光「我看中国改革的目標模式」，杜光「“国進民退”的危害和根源」『炎黄春秋』2010年第3期，中国選挙与治理網2010年2月5日，袁偉時「盲目歌頌“中国模式”是很危険的」による。
3 呉軍華『中国 静かなる革命——官製資本主義の終焉と民主化へのグランドビジョン』日本経済新聞出版社，2008年による。

ある。杜光は、「われわれが〝中国モデル〟を誇りに思う何の理由もない。逆に、表面の繁栄の裏にある重大な危機をみてとり、改革のもっともよい目標モデルを真剣に探求すべきである」とする。[4]

もっとも厳しいのは秦暉である。不平等な一次分配（賃金など）、不公正な二次分配（税金など）で格差が拡大、社会の不公正が生じ、「悪貨が良貨を駆逐する」状況が顕著だという。秦暉は、「中国モデルだ、北京コンセンサスだ」と舞い上がっているが、官僚と外資が結託して勤労者を圧迫し、「低人権、低福利、低賃金の中国モデル」がグローバル化するのではないか、と懸念する。[5]

北京大学の姚洋は中間派もしくは慎重派といえよう。姚は、成長の立役者はどの地域、どの階層、どの集団にも与《くみ》しない「中性政府」だったとし、中国モデル論をある程度肯定する。そのうえで彼は「中国モデルは終わった」、「発展と安定を同時に進めようとすれば民主主義をやる以外に第三の道はない」というのである。[6]

秦暁《しんぎょう》（招商局集団）や袁偉時は、「中国モデル」論が驕《おご》ったナショナリズムと親和的だと警戒している。秦暁は、中国の成長方式は欧米型資本主義のうちアングロサクソン・モデルとは異なるが、先行した東アジアモデルのなかに位置づけられるとし、中国モデ

4　前掲「我看中国改革的目標模式」による。
5　秦暉「“中国奇跡” 的形成与未来」『南方周末』2008 年 2 月 21 日による。
6　財経網 2010 年 2 月 23 日，姚洋「終結北京共識」による。

ル論がもつ文化的排外主義を警戒する。[7] 袁偉時は、中国モデルを称揚するナショナリストと伝統に帰れと強調する一派が「国学派」(北京大学の康暁光《こうぎょうこう》など)をつくり、毛沢東思想を支持する「新左派」と結託して危険な傾向だ、と指摘する。[8]

中国モデル論

中国モデル論を熱心に提唱するのが潘維《はんい》(北京大学)である。中国の三〇年はアングロサクソン・モデルや欧米の近代化理論では説明できないとする彼は、人権や自由などを普遍的価値とする欧米の考え方を脱構築せよ、中国の概念、中国式思考言語で自分たちの経験や今後を語れ、と主張する。「故宮を壊してホワイトハウスを建てても中国はアメリカにはなれない」というのである。彼は伝統派と新左派の現状把握をミックスさせた議論をするが、とくに次の点を強調する。①中国モデルは、米欧モデル、ソ連モデル、日本モデルよりずっと低いコストで近代化を成功させた、②西側が強調する「普遍的価値」はイデオロギーであり、中国もそれに対抗して中国的思考言語、中国の価値を普遍的なものとして提示すべきだ。[9] ところで、中国モデル論をめぐる議論をみていると、次のような懸念が生まれる。

7 愛思想 website2010 年 5 月 28 日，秦暁「有中国模式麼？」による。

8 前掲「盲目歌頌“中国模式”是很危険的」による。

9 潘維主編『中国模式——解読人民共和国的 60 年』中央編訳出版社，2009 年による。

中国思想界が「自由主義派」「新左派」「国学派」と三派に分かれていることが物語るのは、トップエリートの考え方・政策もそれに相応して分岐が生じており、党内で原理的および政策面での一致をみることはできなくなっている、という点である。リーダーシップ内で不協和音が大きい。市場化を優先する「広東モデル」(省党委書記・副首相の汪洋《おうよう》が先導している)と、格差是正・社会主義的配分を選ぶ「重慶モデル」(元重慶市党書記の薄熙来《はくきらい》が提唱した)の対立は、市場化を徹底的に進めるのか、国家資本主義的道を歩むのかなど、中国の進み方に関する重大な分岐がリーダーシップ内にあることのあらわれでもある。権力抗争では薄熙来が前代未聞のスキャンダルで二〇一二年四月に失脚して一つの決着がついたが、将来についての重大な分岐は埋まらない。

2 国有企業と「国家資本主義」

「国進民退」と寡占状況

以下では、国有・寡占企業の躍進、いわば進行中の「国家資本主義」化の一端を紹介しておこう。なお、昨今の中国経済について、日本の経済学者の間でも国家資本主義化を強調する派、いや市場化のほうに動いているとする派、と見解が分かれる。前者の代表が加藤弘之（『国家資本主義の光と影』『二一世紀の中国――経済篇』朝日新聞出版、二〇一三年）、後者が丸川知雄（『現代中国経済』有斐閣、二〇一三年）である。本書では前者の立場を採用している。

鄧小平の南巡談話以後、とくに一九九四年から市場化が加速した。国有企業の民営化を含む市場化がどんどん進むものと思われた。ところが、二〇〇六年前後から民営化のスピードは落ち、反対に基幹産業や戦略部門で国有企業の独占状況が進んだ。まさに「国進民退」である。この状況を呉軍華など一部の中国人エコノミストは「官製資本主義」と呼ぶ。このきっかけになったのは、中央に財を集中した一九九四年の税制改革、大規模国有企業を助けた九五年からの国有企業改革である。

国有企業の進撃は、次のような政策的措置と絡んで進んだ。寡占化は一九九五年の「大規模国有企業はしっかりつかみ、小規模国有企業は放任する（民営化するも可）」（抓大放小）政策から顕著になった。二〇〇三年には、中央が直轄する国有企業（金融を含まず）をコントロールする強力な官僚機構である国有資産監督管理委員会（以下国資委と省略）を特設した。中小の国有企業については「改制」、じつは私有化が進んだ。

一九九五年に一一万八〇〇〇社あった国有工業企業は、二〇〇五年には二万七四七七社に整理され、国有企業職工は九五年から〇四年の一〇年間で六〇%に減少した。しかし、国有企業はこのままおめおめと退いたわけではない。国家は戦略産業・独占産業をしっかりつかむのである。[10] その契機になったのは九九年九月の中共中央の通達「国有企業の改革・発展についての若干の重大問題の決定」(九九年決定)と〇六年十二月の国務院国資委の「国有資本の調整と国有企業再編についての指導意見」(〇六年指導意見)である。前者は、国有企業がコントロールすべき業種と領域を、「国家安全に関わる業種、自然独占に関わる業種、公共産品・サービスを提供する業種、および支柱産業と中核産業中の重要企業」とした。**表17**に〇六年の「意見」を示した。こうして中央は、国資委をつうじて重要な戦略資源のほとんどを握った。[11]

ついで、二〇〇八年末の世界金融危機が中国国有経済の強化につながった。金融危機を回避するため、政府は四兆元(日本円にして約六〇兆円)をこえる経済刺激政策をとったが、そのほとんどが国有企業と不動産部門にまわったといわれる。二〇一二年三月の時点で、中央の国資委がコントロールしている中央国有企業

表17　国有企業の支配を維持すべき分野（2006年通達）

国有企業による全体的コントロールを保持すべき，国民経済の命脈に関わる7大重大業種・領域	軍事工業，送配電・電力，石油石化，電気通信，石炭，航空輸送，海運
当該産業の主要企業で国家が比較的強いコントロールを保持すべき分野	設備製造，自動車，電子・情報，建築，鉄鋼，非鉄金属，化学，資源探査・設計，科学技術

［出典］新華社website2006年12月18日，李栄融（国資委主任）の報告

（中企）は一一七社、その支配下にある子会社は一万社をこえるという。[12]

米国は国有企業が優越する中国の「市場化」に強い懸念をもつ。二〇一一年七月米国議会の「米中経済・安全保障検討委員会」が、国有企業批判の立場から「中国資本主義」の現段階を分析した報告書を出した。そこには次のような論点が出されている。

第一に、国有企業・国家が株をコントロールしている企業のシェアは基幹産業では極めて高く、四分の三にのぼる。具体的には、情報・ＩＴ産業で九六・二％、石油化学工業で七六・六％（表18）、自動車産業で七四・六％である。

第二に、国有企業を狭義に解釈した場合、二〇一一年時点で、国有企業の産値は中国の全生産額の四〇％を占める。広義の概念でいえば（株式を国家が五〇％以上支配している企業――「国家持ち株企業」も含む）、公的所有企業の生産額は五〇％をこえる、と診断する。それを踏まえて、報告書は以下のように中国経済の質を診断する。

①国有セクターは国家の政策と経済インセンティブの双方に反応し、中国でいま進んでいるのは「国家がガイドする資本主義」である。

②この国有指向の傾向はとくに天安門事件以後顕著になった。[13]

こうした「国進民退」状況に批判的な民間研究機関（北京天則経済研究所）も、二〇

10 姚洋「中性政府与中国的経済奇跡」『二十一世紀』総 107 号，2008 年 6 月による。

11 呉木金「走向国家資本主義？」『二十一世紀』総 110 号，2008 年 12 月による。

12 三浦有史「中国“国家資本主義”のリスク」『RIM 日本総研』12 巻 45 号，2012 年による。

13 U.S.-China Economic and Security Review Commission, *An Analysis of State-owned Enterprises and State Capitalism in China,* October 2011 による。

一〇年の報告書で次のように警鐘を発している。

「国進民退は個別の現象ではなく、怒濤のような潮流だ。個別企業の単独行為ではなく、国有企業、とくに中央国有企業の共同行動だ。民生とか安全とかに関わる産業だけでなく、競争性の業種などほとんどすべてにおよんでいる。……したがって、(一九三〇年代、五〇年代に続く)第三回の国有化運動といえるのである」[14]。

国有石油企業のパワーとトップ

二〇〇〇年代に入って石油・天然ガス関連の国有企業が勢力を拡大している。いま中国には中国海洋石油総公司(CNOOC)、中国石油化工株式有限公司(SINOPEC)、中国石油天然ガス集団公司(CNPC)の三つの巨大な石油関連国有企業があるが、とくに中国石油化工と石油天然ガス公司の二社が一九九九年以来、原油に関わる精製と流通を独占している。

「国進民退」状況は、二〇〇八年末の世界金融危機(リーマン・

表18　中国の石油・石油化学工業における国有企業のシェア(2010年)

企業名	販売収入(10億人民元)	全体の中のシェア(%)
中国石油化工株式有限公司	1,913	21.4
中国海洋石油総公司	1,721	19.3
中国石油天然ガス集団公司	355	4.0
珠海振栄公司	61	0.7
トップ国有企業の小計	4,050	45.3
その他の国有合作企業(推定)	2,794	31.3
国有・その他の小計(推定)	6,844	76.6
その他	2,087	23.4
石油・石油化学工業総計(推定)	8,931	100.0

[出典] U.S.-China Economic and Security Review commission, *An Analysis of State-owned Enterprises and State Capitalism in China,* October 2011, p.37, T.5-5.

ショック）後にいっそう進み、富と官職と党の地位を集中した「権貴資産階級が生まれている」というのがリベラル派杜光などの観察である。[15] 国有企業の躍進が問題になるのは、一つは私営企業の発展を妨げるからであり、もう一つは、企業トップが党の完全な支配下にあるため、党と企業の癒着が進み、権力と財力を一手に集中した特権層と構造的腐敗を生むからである。「中共中央が管理する幹部職務名称表」（一九九〇年五月）によれば、中共中央組織部が直接管理する幹部ポストは下記のとおりである。

★党中央政治局委員、中央委員・候補委員、書記処書記・候補書記を筆頭とする中央・地方の党政軍幹部、総計で四二〇〇人ほどである。

★国有銀行・国有企業については、次の職務が党中央組織部によって任免される。

中国工商銀行・中国農業銀行・中国銀行・交通銀行・中国人民保険公司の行長・副行長、理事長・副理事長

中国船舶工業総公司・中国石油化工総公司・中国石油天然ガス総公司・中国石炭配給採掘総公司・中国核工業総公司・中国兵器工業総公司・有色金属鉱業総公司・海洋石油総公司の総経理・副総経理、党グループの書記・副書記・メンバー、全国供銷合作総社の理事会主任。

14 楊帆『利益集団』鄭州出版社，2010 年による。
15 前掲「“国進民退” 的危害与根源」による。

なお、その他の国有銀行、重要な国有企業のトップは、中央組織部に報告・記録すべきポストとなっている。[16]

世銀・国務院の共同レポート「中国二〇三〇年」

こうした「国進民退」に抵抗する動きがないわけではない。二〇一二年二月二十八日、世銀と国務院発展研究センターの「共同報告」として、「中国二〇三〇：現代的、調和的、創造的な高所得社会の構築のために」が発表された。発表時に、世銀理事長ゼーリクの演説会場に「独立学者」杜建国《とけんこく》が闖入《ちんにゅう》、世銀の新自由主義を非難し、「米国に帰れ」と抗議する動きもあった。このレポートは、世銀のスタッフと中国の国務院発展研究センターに集まる研究者五〇人が一年かけて共同で作成したものである。中国の国家機関が国際機関、それも世界資本主義の総本山である世界銀行と合作レポートをつくるのは現代中国でおそらく初めてで、その作成プロセスが注目される。

国有企業の私有化方案がレポートの核心部分だが、レポート作成過程で、既得権益者の代表たる国資委が激しく抵抗したために内容がトーンダウンしたと噂される。保守派（新左派）のウェブサイト「烏有之郷」がこのレポート作成プロセスをすっぱ抜いた。そ

16 前掲『中国共産党党内法規制度手冊』による。

れによれば、国資委は世銀レポートは憲法違反の疑いがある、と正面から抵抗し、財政部が発展研究センターと国資委メンバーの会合をセットし、両者の激しい論争ののち、私有化の部分をかなり削ってようやく発表できたのだという。国務院発展研究センターをリードしたのは、同党グループ書記・副主任、党中央財経領導小組辦公室副主任の劉《りゅう》鶴《かく》をはじめ、林毅夫《りんきふ》、劉世錦《りゅうせきん》、龍永図《りゅうえいと》、盛洪《せいこう》、呉敬璉《ごけいれん》、張曙光《ちょうしょこう》、張維迎《ちょういげい》、周其仁《しゅうきじん》、周《しゅう》小川《しょうせん》など、北京天則経済研究所のリベラル・エコノミストで、「中国経済五〇人フォーラム」のメンバーが中核になった[17]。

レポートは全面的私有化を提言しているわけではない。短期的には政府予算に対する国有企業の配当比率を高め、中期的には国有企業は生産性企業から撤退すべきだとする。工業総生産中の国有企業のシェアを二〇一〇年の二七%から三〇年には一〇%に引き下げるというのが報告書の主旨となった[18]。

このレポートをきっかけに多くのエコノミストが国有企業の躍進と寡占を批判している。張平《ちょうへい》(国務院発展と改革委員会主任)は、鉄道・市政・金融・エネルギー・電信・教育・医療などの分野に民間資本が出られるようにすべきだとし、呉敬璉(国務院発展研究センター)は、投入過大、コスト過高のこれまでの経済発展方式を思いきって転換しな

17 烏有之郷網 2012 年 3 月 5 日，鍾成「世行報告的出籠背景」による。
18 報告書英文版は世銀のサイト，中国語版は検索エンジン「百度文献」参照。

ければ持続的成長は不可能だと危機感を示す。[19] 鄭永年《ていえいねん》(シンガポール国立大学)は、国有企業の活動の場をいくつかの戦略的業種に限定すべきだ、と主張する。「国進民退」は歴史の後退だ、というのである。

グレーゾーンの国家持ち株企業

ところで、国有企業が市場化を阻害しているかどうか、「国進民退」が進んでいるのかどうかを見極めるには、国有企業とは何かを確定する必要がある。ところが中国では、グレーゾーンが大きく、国有と私有の境界は極めて曖昧だ。国有が実際に大きなシェアと力をもつ理由の一つに、国有として扱われる「国有持ち株企業」の存在がある。これは、「国家が所有する資本が他のどの単独の出資者よりも多く、政府が経営支配権を有する企業」を指す。国家が株の五一%を保有すれば「国家持ち株企業」となり、実質は国有企業と変わりなくなる。中国では統計上、工業企業は国有、集団、株式合作、共同経営、有限責任、株式有限、私営、香港・マカオ・台湾、外資の九種類に分類されるが、問題の「国家持ち株企業」は、このうちの有限責任、株式有限という形態をとる場合が多いという。そしてこの企業は国有と私営の中間に位置するグレーゾーンにおり、実質

19 張平「国企改革両個“刻不容緩”」『投資者報』2012年3月20日による。

的には国有企業と同様、国家のコントロール下にある。あるエコノミストはこれを「ベトナムと中国だけにみられる極めて特殊な企業形態」だと評する。[20] このグレーゾーンの「国家持ち株企業」についてエコノミスト・三浦有史は次のように指摘する。

1．国有および国家持ち株企業は企業数でいえば減少傾向にある（全体の六・一％）。だが、この二つは、依然として工業生産、利潤総額、営業収入の四割、所得税の五割、資産・負債・所有者権益の六割を占めており、二〇〇四年以来この状況はとくに顕著である。

2．国有および国家持ち株企業は、一社あたりの規模、一人あたりの利潤が拡大しており、競争力を強めている。ちなみに二〇一〇年、国有工業企業は、資産では三・八倍、利潤は一・八倍、従業員賃金は一・八倍と私営企業に圧倒的な差をつけている。

3．二〇一〇年、国有および国家持ち株企業の工業生産に占めるシェアは、電力・交通運輸・石油・黒色金属・石炭・石油天然ガス・たばこの七業種で七〇％である。

なお、**表6**（第1章、26頁参照）は米誌『フォーチュン』による二〇一四年のグローバ

20 前掲「中国“国家資本主義”のリスク」による。

ル企業のトップ・テンである（総収入）。中国国有企業が三つランクインしている。また、表19は世界一〇〇位にランクインしている中国企業である。二〇一〇年は六社だったが、二〇一四年には一六社に急増した。人寿保険公司以外は大型、寡占の国有企業である。中国の大規模国有企業の国際競争力は極めて高い。

なお、二〇一二年時点で、『フォーチュン』誌のグローバル企業トップ五〇〇位以内に中国企業が七〇社入り、六八社の日本を抜いて世界第二位に浮上した。七〇社の内訳は、中央国有企業（国資委の所轄）が四一社、国有の銀行・保険会社が一一社、地方政府の国有企業が一三社で、私営企業はたった三社である。[21] 国有企業が絶対的に優位にある。

では、中国で市場化の将来はどうなるだろうか。

表19　中国系巨大企業16傑（2014年）

世界ランク	会社名	営業収入（百万米ドル）
3	中国石油化工集団公司	457,201.1
4	中国石油天然ガス集団公司	432,007.7
7	国家電網公司	333,386.5
25	中国工商銀行	148,802.6
32	鴻海精密工業株式有限公司　台北	133,161.7
38	中国建設銀行	125,397.7
47	中国農業銀行	115,392.1
52	中国建筑股分有限公司	110,811.6
55	中国移動通信集団公司	107,647.3
59	中国銀行	105,622.6
76	来宝集団　香港	97,878.3
79	中国海洋石油総公司	95,971.5
80	中国鉄道建筑総公司	95,746.8
85	上海自動車集団株式有限公司	92,024.8
86	中国中鉄株式有限公司	91,152.6
98	中国人寿保険（集団）公司	80,909.4

［出典］『財富』2014年7月

中国式の「国家資本主義」の生命力、国際競争力は今後も強力なようである。とくに、グローバルな競争で有利に立つには国有および国家持ち株企業による経済の主導がもっとも近道である以上、「中国式国家資本主義」はしばらく続くと考えられる。次の三浦有史の見通しに賛同したい。

(1)そもそも中共は、市場経済化＝国退民進と位置づけていない。戦略・資源・中核産業に対する国家の主導を決めた一九九九年の「決定」、二〇〇六年の「意見」は中国当局の基本的および長期的スタンスである。

(2)中国政府は市場経済化によって市場に対する支配力を弱めることをまったく意図していない。

(3)国家資本を経済の骨幹に関わる分野に集中させることで経済全体に対する支配力を強め、さらには世界市場に打って出るという戦略をとっている。[22]

21 丸川知雄『現代中国経済』有斐閣，2013年による。

22 前掲「中国“国家資本主義”のリスク」による。

3 腐敗と反腐敗

大型化・構造化する汚職

社会的緊張でもっとも深刻なのは、あらゆる領域に蔓延する腐敗・汚職の問題である。中国社会にじわじわ浸透し、中国の権力を食いつぶすことになるかもしれない。筆者は、二〇一二年の薄熙来事件以来、汚職腐敗問題が権力闘争の道具になっており、汚職・腐敗こそ中共の支配体制を崩壊させかねないと考えている。

「腐敗は一種の社会歴史現象であり、世界的な病理である。公衆が重大な関心をはらっている問題でもある」というのは、二〇一〇年に国務院新聞辦公室が出した「反腐敗と廉政建設白書」である。二〇一二年、薄熙来事件をたたきつぶすことで権力を握った習近平《しゅうきんぺい》政権は、反腐敗を第一課題にあげて、「虎もハエもたたく」と汚職摘発に躍起となっている。二〇一五年三月全人代で曹建明《そうけんめい》最高人民検察院院長は、二〇一四の一年、一〇〇万元(一九六〇万円)以上の汚職・収賄・公金横領事件は三六六四件、前年より四二%増、県長級以上の公務員の汚職は四〇四〇人、前年比四〇%増だと明らかにした。さらに、中央レベルでは、建国以来空前の高いランクの政治家や官僚、周永康《しゅうえいこう》(前政治局委員、中央政法委員会主任）・徐才厚《じょさいこう》（中央軍事委員会副主席、軍の制服組トップ）をはじめとして、省長レベル、閣僚レベル以上の二八人が摘発されている。

表20、表21を参照してほしい。スタートから二年、習近平政権の「反腐敗キャンペーン」で失脚した高級官僚・企業家、第一八回党大会選出の党中央委員・同候補失脚者がこれだけ多数となっている。前者では、グローバルランキング第三位の超大企業、中国石油天然ガス集団公司の三代の総経理すべてが逮捕されているのが注目される。最大のボス周永康がつくりあげた腐敗ネットワークである。また、彼らはいずれも、経済官僚制のトップ、巨大国有企業のボスで、中国経済の核心に君臨するエリートだ。腐敗・汚職が中国の権力中枢に浸透し、構造化している状況がみてとれる。

国務院の発展と改革委員会や国資委など経済官僚制の中核組織と腐敗についてみてみよう。第一八回党大会直後、発展と改革委員会の副主任・劉鉄男《りゅうてつだん》が汚職・収賄容疑で拘束された。彼は一〇年間にわたって同委員会の局長クラスを歴任し、副主任にのぼりつめた。四〇〇〇万元近くを収賄、二〇一四年十二月、無期懲役の判決を受けた。彼の事件を契機に捜査の手が委員会全体に広がった。一一人が収賄容疑で捕まったが、ほとんど価格に関わる部局のトップである。不動産・石油・医薬品の価格決定権を武器に収賄

表20　第18回党大会以後に拘束・失脚した高級官僚・企業家(～2015年3月)

人名	失脚時の役職	前職など
周永康	中央政治局常委，国務委員，中央政法委員会書記	中国石油天然ガス集団公司総経理・党グループ書記，国務院公安部部長，国土資源部部長・党グループ書記
徐才厚	中央政治局委員，中央軍事委員会副主席	
劉鉄男	国家発展改革委員会副主任，党組メンバー	国務院国家エネルギー局局長
蔣潔敏	国有資産監督管理委員会主任・党委副書記	中国石油天然ガス集団公司総経理・党グループ書記
孫衛東	玉門油田公司元副総経理	
宋林	華潤集団理事長，党委書記	
徐敏傑	遠洋運輸総公司元党組	
宋軍	青島遠洋運輸有限公司元副総経理	
黄小虎	安徽軍工集団元理事長	
徐建一	中国第一自動車集団公司元副総経理	
廖永遠	中国石油天然ガス集団公司総経理	

表21　第18回党大会以後に失脚した中央委員・同候補14人

人名	失脚時の役職
蔣潔敏	党中央委員,国有資産管理監督委員会主任・党委副書記
李東生	党中央委員
楊金山	党中央委員
令計画	党中央委員,全国政治協商会議副主席
李春城	党中央委員候補
王永春	同
潘逸陽	同
万慶良	同
陳川平	同
王敏	同
朱明国	同
範長秘	同
楊衛澤	同
仇和	同,雲南省党委副書記

※2012年11月～2015年3月まで，審査された省・部・軍レベル以上幹部は90人，中央委員4人，中央委員候補10人

したのである。とくに医薬品は大変な利権のようである。かつて「三年県知事を務めれば一〇万両たまる」といわれたが、いま価格局では、「薬価決定のポストにつくと数億元が蓄財できる」といわれているという。

腐敗の根源の一つは、政府が価格や規制・許認可など、経済活動の肝心な部分を握っていることである。薬価は自由ではない。電力価格も統制されている。石油価格も自由ではない。この部局に巣くう役人は産品の生産・流通・使用の決定者であり、市場を握っている。リベラル・エコノミストの張曙光は、「中国改革を成功させたのは二重価格制だったが、その失敗もまた二重価格制による」「汚職根絶の唯一の道は市場の開放、価格の開放だ」と断言する。[23]

国資委はどうか。そもそも国資委は二〇〇三年に国務院直属の、国有資産を監督・管理する巨大な官僚機構として生まれた。主任は王勇《おうゆう》、李栄融《りえいゆう》をへて二〇一三年から蔣潔敏《しょうけつびん》が継いだ。蔣は周永康の腹心で、二〇〇七年から石油天然ガス集団公司の総経理・党グループ書記を六年間務めた有名な「石油派」である。国資委は市場化改革に反対する強力なロビー集団だと評するアナリストは多い。現に、二〇一二年、世銀と発展研究センターの共同レポート「中国二〇三〇」の市場化目標数字を下げるために、強力な圧力

23 愛思想 website2014 年 12 月 17 日，張曙光「発改委貪腐案背後的医薬利益連合」による。

をかけたのはほかでもなくこの国資委である（本章3節参照）。しかし、二〇一四年、周永康の末日とともに、蔣潔敏も逮捕され、この強力ロビー集団にも捜査の手が入った。国資委は、石油価格・ガソリン価格のすべて、ガソリンスタンドの設置権を握っており、海外の石油天然ガス資産の流出にも関わっているといわれる。

危ういゲーム――反腐敗キャンペーン

習近平政権がスタートさせた反腐敗キャンペーンから二年以上たつ。党の政治局員二人（周永康・徐才厚）を含む官界や企業界のエリート、軍の将校多数を「重大な規律違反」で拘束してはいるが、裁判に行き着けず罪名も量刑もなかなか決まらない。捜査過程・行き先は相当に不透明である。

だが、現政権が「負けられない戦争」として「反腐敗」に必死になっているのは事実だ。ある評論家は、「反腐敗」戦争に負ければ次のような悲劇がくる、と次のシナリオを描く。①党権力が退場する、②文化大革命後と同種の二極対立が起こり、復讐が支配する社会が再現される、③反腐敗がある限界をこえれば、軍が抵抗して大きな政情不安に行き着く、④現政権・現社会に対する信頼度が極度に低下し、中流以上が難民として海外に流出する、⑤ソ連と同じように体制が崩壊する、などなどである。反腐敗「戦争」にはなんとしても勝たなくては、とこの評論家は強調する。[24]

二〇一五年三月の全人代で、最高人民法院の周強《しゅうきょう》院長は、周永康が重慶党書記の薄熙来と結託して「非組織的な政治活動をおこなった」と両者のつながりを初めて公然化し、[25]この反腐敗キャンペーン自体が激しい権力闘争であることを示した。なお、かつて中央政治局メンバーとして、石油派のボス、公安部長、中央政法委員会主任を務めた周永康が、二〇一五年六月、天津市中級法院で無期懲役の一審判決を受けた。一億三〇〇〇万元にのぼる収賄、職権乱用、国家機密漏洩罪で裁かれた。これが「氷山の一角」にすぎないことが中国の現体制の衰退ぶりを示している。

買官・売官現象

当代中国における腐敗の深刻さを示すのは議員職をめぐる「買官・売官」行為である。二〇一二年十二月に起こっていた湖南省衡陽《こうよう》市での驚くべき人民代表大会省代表選出（間接選挙）の不正選挙（賄選）をみてみよう。これまでは国有企業、そこのトップ経営者（じつは最高ランクの公務員）が腐敗の主役だったが、これから紹介する、議会選挙での

24 中国選挙与治理網 2015 年 3 月 15 日，木然「反腐敗是一場輸不起的戦争」による。
25 聯合早報網 2015 年 3 月 20 日，周強「周永康与薄熙来秘密結盟」による。

汚職（賄選）の主人公は湖南省衡陽市議会の議員である。不正に関わった主役も私営企業の社長である。[26]

湖南省衡陽市は人口七〇〇〇万の中規模都市だ。市人民代表大会の議員は五一八人、五年に一回、省レベルの人民代表大会代表（議員）を間接選挙で選ばなければならない。二〇一二年十二月、その間接選挙をしたさいに大規模な不正選挙、買収事件が起こったのである。省人代の議員を七六人選出したが、うち五六人が「買収」、つまり「買官」だったのである。省議員になりたい議員は二〇万元ずつ支払ったという。五六人中企業家が三二人、地方レベル役人が一二人、国有企業責任者四人などである。企業家は自分で二〇万元を工面し、官僚や国有企業の議員は出身単位が各二〇万元を用意したという。

不正選挙の顚末は、二〇万元支払ったのに省代表に当選できず金ももどってこなかった議員が暴露して明らかになったという。いずれにせよ市人代の全議員五一八人が辞職、省議員選出はすべて無効、この不正工作に関わった市職員六八人も処分を受けた。結果として市の不正選挙で動いた金は総計一億一〇〇〇万元の巨額にのぼった。

企業家の政治化

26 衡陽市の汚職選挙については，世界と中国研究所（李凡所長）website2014年4月14日「当前選挙存在的問題和改革方向学術討論会」，財経網2014年4月14日「衡陽競選黒金：一些企業主送百万仍落選，銭不退」，財新網2014年2月24日などによる。

今回衡陽市の不正選挙で省人代議員に選ばれた七六人中三二人が企業家だった。企業家が議員になりたがるので「買官」コストが高騰しているといわれる。なぜ彼らは議員ポストをねらうのか。まず、企業にとって絶好の宣伝になる。また議員であることは政治的な護身に役立つ。さらに、議会をつうじて官僚やほかの企業家との官商ネットワークをつくり、それが企業活動に利益をもたらす。また議会活動をつうじて情報が蓄積できることも企業にとって有利だ。議員が専職でないことは、議員と企業家の癒着、官商支配体制をつくりやすい。こうして、地方レベルの選挙不正は枚挙にいとまがない。湖南・広東・福建などの中小都市の議会でしばしばおこなわれているし、衡陽市の場合は、一〇年賄選が続いているという。ある研究者は賄選がなくならない理由を、「推薦過程が透明でない」「競争選挙ではない」など、選挙制度の設計そのものに大きな問題があるからだとしている(孫龍《そんりゅう》、中国人民大学[27])。

このような地方賄選はすでに二〇年も続いているというが、リベラルな李凡《りぼん》が所長をする中国と世界研究所のシンポジウムでは、ある弁護士が四項目の改革提案をしている。

①国民への啓蒙活動がまず必要だ。

②国民一人一人に選挙民登録をさせる。

27 前掲，世界と中国研究所 website による。

③選挙権と罷免権を行使できるような選挙民教育を進める。
④人民代表（議員）を職業化する。

また、すべてのレベルで直接選挙制度に思いきって変えるべきだ、という提案も出ている。いずれにせよ、選挙制度をめぐる地道な民主化・透明化なしにこうした不正をなくす妙案はない。

腐敗と権力衰退

米国の著名な中国研究者D・シャンボーは、二〇一五年三月六日の『フィナンシャル・タイムス』に、「中国共産党統治の最終幕が始まった」と題する論考を書き、混乱のうちにレジームは崩壊するだろうと予測した。彼は比較的落ち着いた知中派なので、その「中国崩壊論」は大きな反響を呼んだ。彼は体制の脆弱さの証左として、多数のエリートが大陸からの脱出を企図していること、習近平政権の過剰な抑圧政策、権力者の裸の王様化、経済がいくつもの落とし穴に落ちていることなどのほか、全領域に蔓延する腐敗をあげている。とくに腐敗の根っこは、一党支配体制、パトロン・クライアントのネットワーク、透明性をまったく欠く経済システム、国家によるメディア支配、法治の欠如という構造的なものなのだから、習近平がどうあがこうとも反腐敗キャンペーンが成功するはずはない、と極めて厳しい。[28]

筆者は体制の崩壊が近いとは考えていないが、腐敗についてのシャンボーの指摘はそのとおりだと思う。だとすれば、反腐敗キャンペーンは、むしろ政敵をたたきつぶす、危ない権力闘争と考えたほうが現実に近い。一歩間違えば、しかけた習近平政権にも逆流してこよう。今後の推移を注意深く見守る必要がある。

前近代からの中国史を通覧してみると、中国の権力者を悩ませる三大問題があるようである。第一が農村の疲弊、そこからくる農民の反乱である。第二が官僚や官商癒着の汚職による権力の衰退、そして第三が国際パワーによる浸食・干渉・侵略である。中国における王朝交代は多くの場合、この三つの要因に突き動かされた。十九世紀後半、世界経済の危機が中国を襲ったとき、太平天国、義和団の乱など、疲弊した農村で大きな暴動が頻発した。清朝権力はこのなかで衰退していった。一方、腐敗・汚職は権力を内側から腐らせる。清朝末期もそうだし、一九三〇年代からの国民党権力も腐敗による自滅の道を歩んだ。第三の国際干渉は近代中国を「瓜分」したが、すでに中国が米国に並ぶ大国に浮上してきたいま、あまり現実味がないかもしれない。だが、巨大中国にとっ

[28] 2015 年 3 月 6 日 *Wall Street Journal,* 6 March, 2015, David Shambaugh, "The Endgame of Communist Rule in China Has Begun" による。

てもっとも怖いのは世界的な経済危機ではないだろうか。十九世紀末の中国は従属的な、弱体な国だった。いま巨大になった中国が混迷すると周辺国、世界全体に甚大なインパクトを与えずにおかない。重大な関心をもって中国をみつめていかなければなるまい。

終章　グローバル大国の実力外交

海洋利益論の登場

いま中国は、経済成長を持続させながら、国内では、格差の拡大、階層の固定化、権力の腐敗などの深刻な課題をかかえている。周辺にいるわれわれにとっての重大関心事は、二十一世紀に入って、とくに二〇一〇年頃から中国の対外政策が現状変更型・実力型に変わってきたのではないか、という点である。本書の最後に、対外関係について最小限必要なことを指摘しておきたい。

中国が新たに海洋利益について重大な関心をもちはじめるのは、二〇〇二年の第一六回党大会で「外に出る戦略」(走出去戦略)を採用してからである。中国はそれまで、資本も技術も外部から取り入れることに熱心だったが、多国籍企業を含めた対外経済進出を指向しはじめたのである。以来、海外での経済活動がさかんになるにつれ、海外利益への関心が高くなり、「海外利益は国家利益の延長線上にある」と考えるようになる。中国外交学院の門洪華《もんこうか》は、海外利益に目を向けて「国家利益論の転換」が必要だ、英・

米・日などのかつての海外進出戦略の経験を学習すべきだ、と論じた。また、中国では、「海外利益」に、経済利益のほか政治利益・安全利益・文化利益などを含めており、極めて広義に解釈しているのが特徴である。[29]

なお、外からの脅威に備える司令部の設置への動きも始まった。二〇〇〇年、折から在ユーゴスラヴィアの中国大使館がNATO軍に「誤爆」される事件が起こったが、事件を契機に非常時の安全保障司令部として中共中央外事工作領導小組が発足した。また米国式の国家安全保障会議を狙って、二〇一四年一月から党と国家の安全委員会がスタートした。じつはこの二つは一つの合同組織であり、国家の安全と危機管理のための調節機構だ。外交部・公安部・安全部・解放軍の総参謀部・対外経済貿易部などの省庁が委員会を構成する。もちろん総書記が主席をつとめる。

進攻的海洋戦略

一九九二年のいわゆる「領海法」制定は、中国が海洋に強い関心をもちはじめたことを示すものである。領海法には、尖閣諸島が「固有の領土」だと改めて規定された。九七年に国防法、九八年に排他的経済水域および大陸棚に関する諸法規を決め、海洋の新

29 門洪華・鍾飛騰「中国海外利益研究的歴程，現状与前瞻」『外交評論』2009年第5期による。

時代への備えが始まった。

一九九九年には国家海洋局のもとに海監総隊が結成された。二〇〇〇年代に入ると国家海洋局の主導下で、実効支配の強化をはかる海域の監視や巡航が強化され、〇八年からは中国海監総隊が東シナ海での定期巡航を始めた。海外利益の確保・保全が課題として強く意識されたのである。一二年、尖閣諸島を日本が「国有化」するや、中国は法律戦、実効支配の事実化、情報・宣伝戦などあらゆる手法を使って攻勢をしかけた[30]。九〇年代、鄧小平のもとで追求された、「当面は先頭に立たない、時の熟するのを待つ」戦略（韜光養晦《とうこうようかい》戦略）の時代はどうやら終わったのである。

二〇〇〇年代に入って中国外交が進攻的になったのは、中国経済の急成長で一〇年には日本を追い越し、押しも押されもしない米国につぐ世界第二の経済大国になったことが背景にある。海外利益および海洋資源に対する関心は目に見えて強くなった。

大国にふさわしい「強軍」を
二〇一六年二月一日、解放軍の大改革がスタートした。七大軍区を五大戦区に編制替えし、四つの総部を解体して一五の専門部局に改組する。この日、五つの戦区の司令

30 青山瑠妙「海洋主権 多面体・中国が生み出す不協和音」毛里和子・園田茂人編『中国問題　キーワードで読み解く』東京大学出版会，2012 年による。

員・政治委員がそろい、新体制が発足した。一九五〇年代以降、中国の軍隊編制は基本的にはソ連のものを下敷きにしていた。従来の瀋陽などの七大軍区制は行政機関と密着した体制だったが、今回の改革で、東部・南部・西部・北部・中部の五つの戦区となり、それぞれが中央軍事委員会の直接管理下に入ることとなった。また、総参謀部、総政治部、総装備部、総後勤部の独立性の強い四つの総部からなっていた体制は、今回の改革で、中央軍事委員会に従属した、軍委辨公庁・聯合参謀部・政治工作部・後勤保障部・装備発展部など一五部門に変わる。

この改革を決めたのは二〇一五年十一月の中央軍事委員会である。習近平のそこでの講話や二〇一六年一月十一日の中央軍事委員会責任者会議での講話によると、今回の改革は、第一が全部門を党中央・中央軍事委員会に直結させて、中央集権体制を強化すること、第二が戦区制への移行や四総部の解体改組によって、「統合作戦指揮体制」を新設すること、の二つがおもな目的のようである。[31]

習近平によれば、「わが国の国際的地位にふさわしい強大な軍隊」をつくり、そのために「軍の最高領導権と指揮権を党中央と中央軍事委員会に集中する」ことをねらう今回の改革は、五〇年以上続いた旧体制から、真の近代的軍隊へ、つまり米国式軍隊への

31 新華社 website 2015 年 11 月 27 日「習近平：全面実施改革強軍戦略」, 同 2016 年 1 月 11 日「習近平接見軍委機関各部門負責同志並作重要講話」, 同 2016 年 2 月 1 日「中国人民解放軍戦区成立大会在北京挙行」などによる。

転換をめざしたものといえよう。二〇一〇年に第二の経済大国に浮上した中国が、グローバルパワーへと向かうはっきりした自らの意志を表明したのである。

肥大する「国」——国家安全法

進攻的海洋戦略とともに注目されるのは、「強い国家」の登場である。二〇一五年七月一日施行の国家安全法は今後起こるかもしれない外からの介入、および国内での大きな騒乱事件（とくに新疆やチベットなど）に備えた体制づくりのために制定されたと思われる。この法律は二つの特徴をもつ。一つは、「国家の安全」を極めて広義に捉えていることである。第二条は、「国家の安全」を「国家政権、主権、統一と領土の保全、人民の福祉、経済社会の持続発展、および国家の其他の重大な利益に危険がなく、内外の脅威を受けない状況、および安全状況を持続する能力」としている。ほとんどすべてが「国家の安全」に入ってしまいそうである。

もう一つは、香港・台湾についても安全義務を同等に付与した点である。第一一条の二項は次のようにいう。「中国の主権および領土保全は侵犯、分割されることはない。国家主権、統一および領土保全を守ることは、香港、マカオ、台湾の同胞を含むすべての中国人民の共同の義務である」。

二〇一五年七月、多数の人権派弁護士が拘束されたが、実体面で人の権利がなかなか拡大しない状況にある。それだけでなく、法律も、整備されるのは人権領域ではなく、国家領域の法である。

利益集団の動き

進攻的海洋戦略とともに注目されるのは、外交部や対外経済部局以外の集団や勢力の外交への介入が顕著になっていることである。そもそも中国社会では、九〇年代後半から各種利益集団が登場してきたといわれるが、二〇一〇年頃には、石油資本・地方政府・軍の一部が連合して、外交に圧力をかけたり、人民代表大会や政治協商会議などに対して圧力集団として動いたりするようになったという。

利益集団が外交の政策決定や対外政策一般に参与した例をあげておこう。

①すでに紹介したように、二〇一二年二月に発表された世銀と国務院発展研究センターの共同レポート「中国二〇三〇」が発表の段階で、市場化推進に反対する国資委の圧力で市場化目標数字が切り下げられた。

②海南省政府・海軍・石油天然ガス集団公司が一緒になって、全国政治協商会議に「南シナ海海洋権益強化と擁護に関する宣言」を出させるよう圧力をかけ、海南地区観光立国のための陳情活動をおこなった[32]。

リベラルな国際政治学者・王逸舟《おういっしゅう》は、「利益集団や軍が外交に口を出すようになった」ことについて、次のように懸念を述べている。「一部大型企業の海外行為は政策の枠をはずれ、外交方針に合致していない。外交の邪魔をし、その負担となっている。かつて米国で石油資本など巨大な利益集団がＣＩＡ、軍隊、外交資源を使って「国家を拉致する」ことがあったが、中国でもその気配がみえる。警戒すべきだ[33]」。

グローバル大国化する中国を前に、歴史問題や領土問題をかかえている日本と中国の関係も安定的とはいいがたい。中国は大国の地位を手にしようと力を行使し、日本は日本で、力で中国の「台頭」に対抗しようとしており、良策とはいえない。日本としては、利益集団の外交への介入や「反汚職」で権力闘争を闘う中国国内の複雑な状況を注意深く見極めて、外交と経済、文化の力で中国に対する必要がある。また、新段階の両国関係を律する原則を双方でつくっていかなければならない。日中関係はいま、かなり脆弱である。

32 青山瑠妙『中国のアジア外交』東京大学出版会，2013 年による。

33 王逸舟「中国外交　新形勢下的幾個現実問題」『南方周末』2014 年 5 月 22 日による。

おもな参考文献　現代中国政治についての日本語文献で比較的平易なものに限った。

毛里和子『周縁からの中国――民族問題と国家』東京大学出版会、一九九八年
毛里和子『日中関係――戦後から新時代へ』岩波新書、二〇〇六年
毛里和子『現代中国政治　第三版　グローバルパワーの肖像』名古屋大学出版会、二〇一二年
毛里和子・加藤千洋・美根慶樹共著『二一世紀の中国――政治・社会編　共産党独裁を揺るがす格差と矛盾の構造』朝日新聞出版、二〇一二年
毛里和子・園田茂人編『中国問題――キーワードで読み解く』東京大学出版会、二〇一二年
毛里和子・松戸庸子編『陳情――中国社会の底辺から』東方書店、二〇一二年
天児慧『中華人民共和国史』岩波新書、一九九九年
岩波叢書・中国的問題群
①西村成雄・国分良成『党と国家』⑤加藤弘之・久保亨『進化する中国の資本主義』
⑦厳善平『農村から都市へ』⑧川島真・毛里和子『グローバル大国への道程』岩波書店、二〇〇九年
ヴォーゲル、エズラ（益尾知佐子・杉本孝訳）『鄧小平――現代中国の父』上・下、日本経済新聞出版社、二〇一三年

岡部達味『中国近代化の政治経済学』PHP研究所、一九八九年
加々美光行『知られざる祈り――中国の民族問題』新評論、一九九二年
加藤弘之『〝曖昧な制度〟としての中国型資本主義』NTT出版、二〇一三年
金観濤・劉青峰（若林正丈・村田雄二郎訳）『中国社会の超安定システム』研文出版、一九八七年
厳善平『中国農民工の調査研究』晃洋書房、二〇一〇年
呉軍華『中国 静かなる革命――官製資本主義の終焉と民主化へのグランドデザイン』日本経済新聞出版社、二〇〇八年
小口彦太・田中信行『現代中国法』成文堂、二〇〇四年
清水美和『中国農民の反乱』講談社、二〇〇二年
シャンボー、デイビッド（加藤祐子訳）『中国グローバル化の深層』毎日新聞出版、二〇一五年
園田茂人『不平等国家中国』中央公論新社、二〇〇八年
高原明生・丸川知雄・伊藤亜聖編『社会人のための現代中国講義　東大塾』東京大学出版会、二〇一五年
趙宏偉『中国の重層集権体制と経済発展』東京大学出版会、一九九八年
唐亮『現代中国の政治』岩波新書、二〇一二年
唐亮『現代中国の党政関係』慶應義塾大学出版会、一九九七年
中兼和津次『開発経済学と現代中国』名古屋大学出版会、二〇一二年

菱田雅晴編『中国共産党のサバイバル戦略』三和書籍、二〇一二年
船橋洋一『内部――ある中国報告』朝日新聞社、一九八三年
マクレガー、リチャード（小谷まさ代訳）『中国共産党――支配者たちの秘密の世界』草思社、二〇一一年
丸川知雄『現代中国経済』有斐閣アルマ、二〇一三年
溝口雄三『方法としての中国』東京大学出版会、一九八九年
ヤーコブソン、リンダ・ノックス、ディーン（岡部達味監修、辻康吾訳）『中国の新しい対外政策』岩波書店、二〇一一年
山田辰雄・渡辺利夫監修『講座現代アジア』全四巻、東京大学出版会、一九九四年
①土屋健治編「ナショナリズムと国民国家」②中兼和津次編「近代化と構造変動」③萩原宜之編「民主化と経済発展」④平野健一郎編「地域システムと国際関係」
渡辺利夫・小島朋之『毛沢東と鄧小平』NTT出版、一九九四年

その他・重要な資料集など

竹内実編訳『中華人民共和国憲法集』蒼蒼社、一九九一年
中国研究所編『中国基本法令集』日本評論社、一九八八年
太田勝洪・小島晋治・高橋満・毛里和子編『中国共産党最新資料集』上・下、勁草書房、一九八五～八六年

日本国際問題研究所現代中国研究部会編『中国大躍進政策の展開――資料と解説』上・下、日本国際問題研究所、一九七三~七四年
日本国際問題研究所中国部会編『新中国資料集成』全五巻、日本国際問題研究所、一九六三~七一年

図版出典一覧

共同通信イメージズ　5上, 下, *18*右, 左, *28*, *46*

毛里和子（もうり かずこ）

お茶の水女子大学文教育学部史学科卒業。

東京都立大学大学院人文科学研究科修了。

専攻，現代中国政治，中国外交。

現在，早稲田大学名誉教授。

主要著書：『中国とソ連』（岩波書店 1989），『現代中国政治』（名古屋大学出版会 1993, 2004, 2012），『周縁からの中国――民族問題と国家』（東京大学出版会 1998），『現代中国論』Ⅰ～Ⅲ（編者，日本国際問題研究所 1991-95），『世界史リブレット 51 現代中国政治を読む』（山川出版社 1999），『日中関係』（岩波書店 2006）

中国政治《ちゅうごくせいじ》　習近平時代《しゅうきんぺいじだい》を読《よ》み解《と》く

2016年４月30日　1版1刷発行
2016年５月31日　1版2刷発行

著者：毛里和子《もうりかずこ》

発行者：野澤伸平

発行所：株式会社 山川出版社

〒101-0047　東京都千代田区内神田１-13-13
電話　03-3293-8131(営業)　8134(編集)
http://www.yamakawa.co.jp/
振替　00120-9-43993

印刷所：株式会社 プロスト

製本所：株式会社 ブロケード

装幀者：菊地信義

 ISBN978-4-634-64081-8